365 BABY-SPIELE

Spielerisch die Sinne fördern
im ersten Lebensjahr

365 BABY-SPIELE

Spielerisch die Sinne fördern
im ersten Lebensjahr

DK

DK | Penguin Random House

Autor Susannah Steel
Fachliche Beratung Dr. Claire Halsey
Lektorat Victoria Heyworth-Dunne
Projektleitung Anna Davidson
Redaktionsleitung Peggy Vance
Art Director Jane Bull
Bildredaktion Christine Keilty
Gestaltung und Satz Emma und Tom Forge
Designassistenz Laura Buscemi
Herstellung Tony Phipps, Jen Scothern

Für die deutsche Ausgabe:
Verlagsleitung Monika Schlitzer
Programmleitung Heike Faßbender
Redaktionsleitung Dr. Kerstin Schlieker
Projektbetreuung Manuela Stern
Herstellungsleitung Dorothee Whittaker
Herstellungskoordination Katharina Schäfer
Herstellung Verena Marquart

Titel der englischen Originalausgabe:
Baby Play for Every Day

Übersetzung Karin Hofmann
Lektorat Dr. Doortje Cramer-Scharnagl

ISBN 978-3-8310-3909-8

Druck und Bindung TBB, a.s., Slowakei

FSC www.fsc.org
MIX
Papier | Fördert gute Waldnutzung
FSC® C018179

www.dk-verlag

Hinweis
Die Informationen und Ratschläge in diesem Buch sind von den Autoren und vom Verlag sorgfältig erwogen und geprüft, dennoch kann eine Garantie nicht übernommen werden. Eine Haftung der Autoren bzw. des Verlags und seiner Beauftragten für Personen-, Sach- und Vermögensschäden ist ausgeschlossen.

Inhalt

Vorwort 6
Eine kurze Anleitung 7
Meilensteine der Entwicklung 8

Ihr Baby mit ...
0–1 Monat 10
1–2 Monaten 30
2–3 Monaten 50
3–4 Monaten 70
4–5 Monaten 90
5–6 Monaten 110
6–7 Monaten 130
7–8 Monaten 150
8–9 Monaten 170
9–10 Monaten 190
10–11 Monaten 210
11–12 Monaten 230

Adressen 250
Register 252
Dank 256

Vorwort

Es ist mir eine Freude, Ihnen dieses Spielebuch für Babys zu präsentieren. Ich arbeite nicht nur seit fast 30 Jahren mit Kindern und Familien, sondern bin auch selbst Mutter und weiß, wie wertvoll diese Sammlung von Spielideen ist, mit denen Sie Ihr Baby im ersten Lebensjahr unterhalten und fördern können. Wählen Sie einfache oder komplexe Spiele, so wie es Ihrem Baby gefällt. Die Ideen in diesem Buch lassen in dieser Hinsicht keine Wünsche offen.

Ich habe die Arbeit an den Spielideen auf den folgenden Seiten sehr genossen. Dabei flossen nicht nur meine Erfahrungen als Mutter dreier Jungen mit ein, sondern auch mein Wissen über spielerisches Lernen und die kindliche Entwickung.

In jedem Kapitel finden Sie Aktivitäten, die Ihr Baby in den Bereichen Sprache, fein- und grobmotorische Fähigkeiten, soziale Beziehungen, logisches Denken und Problemlösung fördern. Spielen unterstützt die Entwicklung. Dennoch sollten Sie nicht vergessen, dass Freude, Spaß und Nähe die Schlüssel für erfolgreiches Spielen sind.

Die Aktivitäten, die wir vorstellen, sind in der Regel einfach nachzumachen und kommen mit Alltagsgegenständen aus. Eine anregende heimische Umgebung ist der perfekte Ort zum Spielen, aber auch der Garten oder der nächste Park kommen infrage. Ob Sie nun eines oder mehrere Babys haben: Sie werden in diesem Buch für jede Situation eine Spielidee finden, die für ein Minimum an Vorbereitungszeit ein Maximum an Vergnügen bietet. Gestresste Eltern wissen, wie wichtig das ist.

Mein persönlicher Favorit aus der Zeit, als meine Kinder klein waren und nur begrenzt die Möglichkeit hatten, im Freien zu spielen, ist der Koffersandkasten (S. 204). Alle machten damals große Augen, als wir den Koffer öffneten und ein Sandkasten mit ein paar Spielsachen zum Vorschein kam. Der Koffer war ständig in Benutzung und er machte auch Dreck, aber ich werde nie vergessen, wie viel Spaß wir damit hatten.

Eltern zu sein ist natürlich nicht immer nur Spaß und Spiel. Alle Eltern sind hin und wieder genervt oder übermüdet oder ihnen gehen schlichtweg die Ideen aus, wie sie ihr munteres Baby beschäftigen können. Aus all diesen Gründen präsentieren wir Ihnen in diesem Buch eine Vielzahl neuer Vorschläge, aber auch bewährte Ideen in abgeänderter Form. Unser Ziel ist, den Druck von Ihnen zu nehmen, sich jedes Mal etwas Neues ausdenken zu müssen. Ich hoffe, dieses Buch inspiriert Sie und leistet einen Beitrag zu einem wunderschönen ersten Jahr für Sie und Ihr Baby.

Eine kurze Anleitung

Die Vorschläge in diesem Buch sollen eine Anregung zu lustigen und kreativen Aktivitäten mit Ihrem Baby sein. Weil wir aber auch Ihnen als Eltern etwas Gutes tun wollen, haben wir ein paar Ideen mit aufgenommen, wie Sie Ihr Leben als Eltern einfacher und schöner gestalten können.

Sie können sich entweder gezielt das Kapitel vornehmen, das dem Alter Ihres Kindes entspricht, oder sich aus dem Buch die Aktivitäten heraussuchen, auf die Sie und Ihr Kind gerade Lust haben. Sie sollten dann allerdings darauf achten, dass die Vorschläge der Entwicklungsstufe Ihres Kindes entsprechen.

Kinder entwickeln sich unterschiedlich schnell. Lassen Sie sich davon leiten, was Ihrem Kind Spaß macht. Sollten seine Fertigkeiten für eine bestimmte Aktivität noch nicht ausreichen, stellen Sie sie zurück, bis Ihr Kind so weit ist. Lassen Sie Ihr Kind nie unbeaufsichtigt spielen, vor allem nicht in der Nähe von Wasser.

Egal, was Sie mit Ihrem Baby spielen: Solange Sie selbst dabei aktiv mitmachen und die gemeinsame Zeit mit Ihrem Kind genießen, wird jedes Spiel für Ihr Baby etwas ganz Besonderes sein.

Meilensteine der Entwicklung

Spielen bildet in den ersten Lebensmonaten eine wesentliche Grundlage für die Entwicklung Ihres Kindes. Von Geburt an ist es auf Lernen programmiert. Sein Gehirn entwickelt sich so rasant wie zu keinem anderen Zeitpunkt in seinem Leben. Die meisten Informationen, die es über die Welt braucht, erhält es im Spiel. Wenn Sie mit Ihrem Baby spielen, geben Sie ihm die Möglichkeit zum Erkunden, Erleben und Experimentieren. Im gemeinsamen Spiel (und wahrscheinlich ohne es sich bewusst zu machen) fördern Sie seine Sinne und geben ihm die Anregung, die sein Gehirn zur Entwicklung benötigt.

Im Lauf des ersten Lebensjahres werden sich die gemeinsamen Aktivitäten nach und nach verändern. Ihr Baby dankt es Ihnen mit Fortschritten beim Sprechen, in der Körperkontrolle und in seinem Wissen über die Welt. Sie werden außerdem feststellen, dass sich nicht nur die Beziehung zu Ihnen, sondern auch zu anderen Personen vertieft.

Diese Tabelle zeigt einige der wichtigsten Meilensteine der Entwicklung bis zum 18. Lebensmonat. Vergessen Sie aber bitte nicht, dass sich Babys unterschiedlich schnell entwickeln. Aus diesem Grund kann Ihr Kind manche Meilensteine früher oder auch später erreichen als andere Kinder.

Die Meilensteine in der Tabelle entsprechen Durchschnittswerten. Wenn Sie sich Sorgen wegen der Entwicklung Ihres Kindes machen, holen Sie sich Rat bei Ihrem Kinderarzt. In den meisten Fällen wird er feststellen, dass mit Ihrem Baby alles in Ordnung ist.

	Neugeboren	1–3 Monate	4–6 Monate	7–9 Monate	10–12 Monate	13–18 Monate
Kommunikation	Erkennt Ihre Stimme. Schaut Sie an. Kommuniziert durch Schreien und Körperbewegungen.	Gluckst, lallt und weint.	Wiederholt Laute wie »ka, ka«. Hört Ihnen zu und ahmt Ihre Mimik nach.	Versteht »Nein«.	Macht winke, winke. Zeigt mit dem Finger. Erste Worte.	Folgt einfachen Anweisungen. Benutzt Gesten und 6–20 Worte.
Sozialverhalten	Liebt Nähe und Kuscheln.	Ist fasziniert von Gesichtern. Erstes Lächeln.	Lässt sich auch von anderen Personen hochheben.	Trennungsangst setzt ein. Interesse an anderen Babys.	Reagiert auf seinen Namen. Freut sich und lacht.	Ahmt Sie nach. Spielt neben anderen Kindern. Erste Trotzanfälle.
Mobilität	Tritt und rudert mit den Armen.	Hebt den Kopf. Zappelt mit dem ganzen Körper.	Stemmt sich hoch. Rollt herum. Greift nach Dingen. Fängt an frei zu sitzen (ab etwa 6 Monaten).	Krabbelt.	Steht und läuft mit Festhalten.	Geht und steht relativ sicher. Fängt an zu rennen und zu treten.
Handkontrolle	Fester Greifreflex.	Schlägt auf Objekte.	Greift nach Objekten.	Klatscht. Wechselt Objekte von Hand zu Hand.	Pinzettengriff mit Daumen und Zeigefinger. Wirft Objekte und lässt sie fallen.	Kritzelt mit dicken Stiften. Benutzt einen Löffel. Hält und manipuliert kleine Objekte.
Gehirnleistung	Mag schwarzweiße Muster. Ahmt Mimik nach.	Erkundet mit dem Mund. Erkennt Farbunterschiede.	Entdeckt Ursache und Wirkung. Beginnt Handlungen vorauszuahnen.	Versteht Objektpermanenz (dass Dinge weiterexistieren, auch wenn man sie nicht sieht).	Beginnt Konzepte wie »innen« und »außen« zu verstehen.	Mag Rollenspiele. Lernt durch Versuch und Irrtum. Versteht Vergleiche wie »größer« und »kleiner« sowie Konzepte wie »unter« und »über«.

Ihr Baby mit …

0–1 Monat

Als Neugeborenes, das sich mit dem Leben erst vertraut machen muss, konzentriert sich Ihr Kind ganz und gar darauf, eine *Beziehung* zu Ihnen herzustellen. Schnell **erkennt** es Ihre Stimme, Ihren Geruch und Ihr Gesicht. Vielleicht versucht es schon, Ihre Mimik *zu spiegeln*. Es braucht Ihre **Liebe** und **Zuwendung,** um sich geborgen zu fühlen. *Kuscheln* und *sprechen* Sie viel mit ihm: Es liebt Ihre *Nähe* und den **beruhigenden Klang** Ihrer Stimme.

Ihr Baby
kann wahrscheinlich schon:

- Augenkontakt herstellen
- Ihr Gesicht und große, kontrastreiche Muster erkennen
- Ihre Mimik nachahmen
- Ihren Geruch erkennen
- den Klang Ihrer Stimme erkennen
- Berührungen wahrnehmen
- instinktive Reflexe zeigen, wie den Kopf drehen, saugen, schlucken und mit den Händen greifen (Palmarreflex)

Manche Babys können sogar:

- süß und sauer unterscheiden
- ihr Schreien variieren, um Ihre Aufmerksamkeit zu wecken

MONAT 1

Haut an Haut

Behalten Sie Ihr Baby in den ersten Tagen nach der Geburt nahe bei sich. Stellen Sie Hautkontakt her, am besten unter einer Decke, die Sie beide schön warm hält. Legen Sie Ihr Baby auf Ihre Brust, sodass es Ihren Herzschlag hört. Studien mit Frühgeborenen ergaben, dass Hautkontakt nicht nur das Wohlbefinden steigert, sondern auch die gegenseitige Bindung festigt. Idealerweise sollten beide Elternteile regelmäßig Hautkontakt zu ihrem Baby herstellen.

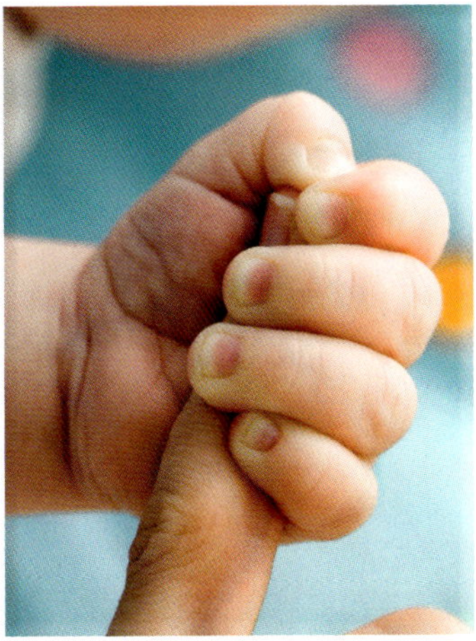

Test: Greif-reflex

Die Reflexe Ihres Neugeborenen sind schon entwickelt. So umschließt es zum Beispiel alles, was seine Handfläche berührt, mit den Fingern. Legen Sie Ihren Finger in seine Hand und schießen Sie ein Foto fürs Tagebuch oder für das Babyalbum.

Erinnerungsbox

Legen Sie eine Schachtel mit Erinnerungen an die Babyzeit an. Beginnen Sie mit den Ultraschallfotos und dem Namensbändchen aus der Klinik. Im Lauf der Jahre kommt immer mehr hinzu: Die ersten Zähne, eine Haarlocke, winzige Babyschühchen, das erste Spielzeug, eine Muschel vom ersten Strandurlaub – alles, was Babys persönliche Geschichte erzählt.

MONAT 1

Erholung für Ihr Baby

Nach der anstrengenden Geburt muss sich Ihr Baby erst an die neue Umgebung – und auch an Sie als Eltern – anpassen. Deshalb sollten Ruhe und Entspannung in den ersten Wochen Priorität haben. Sanfte Yogastellungen (die hier gezeigten eignen sich auch nach einem Kaiserschnitt) geben Ihnen Energie und reduzieren Verspannungen. Sie können sie wiederholen, so oft Sie möchten.

Kuscheln & Dehnen

Legen Sie sich mit dem Rücken auf eine weiche Oberfläche. Ein Kissen unter Kopf und Nacken sorgt für Bequemlichkeit. Ihr Baby ruht mit dem Bauch auf Ihrer Brust, sein Kopf liegt auf der Seite. Beugen Sie die Knie, die Fußsohlen liegen flach auf dem Boden. Diese Haltung entlastet den Rücken. Verschränken Sie die Arme sanft über dem Baby und pressen Sie den unteren Rücken gegen den Boden, um Verspannungen zu lösen. Viermal wiederholen, dann entspannen.

Kleiner Tipp

Wird das Baby während der Übungen unruhig, sprechen Sie leise und sanft mit ihm, damit es sich geborgen fühlt.

Entspannung für zwei

Nehmen Sie dieselbe Position ein (auf dem Rücken, mit angezogenen Knien, Füße flach auf dem Boden, Kopf auf einem Kissen). Das Baby liegt auf Ihrem Bauch oder der Brust, sein Kopf ruht auf der Seite, sodass es Ihren Herzschlag hört. Halten Sie es sanft fest, schließen Sie die Augen und atmen Sie langsam ein und aus. Bewegen Sie sich möglichst wenig und ruhen Sie sich beide so lange aus, wie Sie möchten.

Sanfte Berührung

Streicheln Sie während des Stillens beruhigend Arme, Hände und Füße des Babys. Es liebt Ihre Finger auf seiner Haut. Um den Berührungsreiz zu variieren, streichen Sie mit einem Wattebausch über seine Händchen und Fingerspitzen.

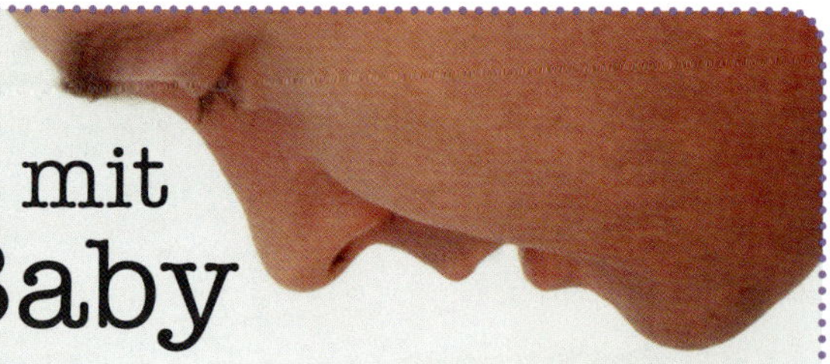

Zeit zu zweit mit dem Baby

Auch als Vater sollten Sie Zeit mit dem Baby allein verbringen. Das stärkt die Bindung und fördert die Kommunikation. Sie müssen dabei nichts Kompliziertes tun – blicken Sie sich gegenseitig in die Augen und sprechen Sie mit dem Baby. So lernen Sie sich am schnellsten kennen.

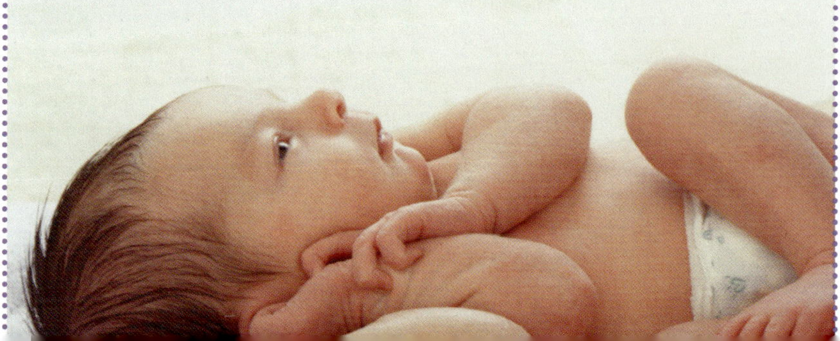

Baby-sprache

Sanfte Laute und die spezielle Art und Weise, wie Sie als Eltern mit Ihrem Neugeborenen reden, sind wichtig für die Sprachentwicklung Ihres Kindes. Studien zeigten, dass lange, klare Laute ein wichtiger Teil des Sprachprozesses sind. Schämen Sie sich also nicht, wenn Sie mal wieder in Babysprache oder übertriebene Mimik verfallen. Das ist genau das, was Ihr Baby jetzt braucht.

Das Baby-tagebuch

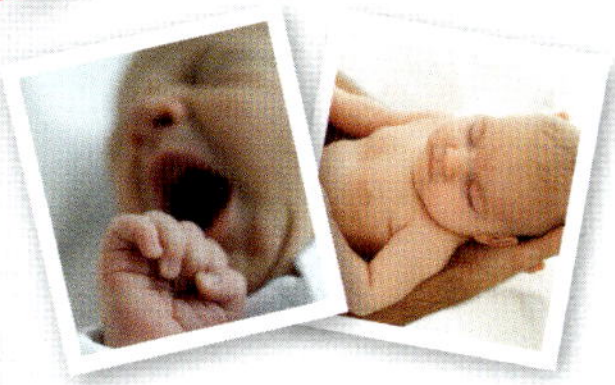

Sie werden jeden Tag etwas Neues mit Ihrem Baby erleben. Halten Sie alles in einem Tagebuch fest und kleben Sie passende Fotos dazu ein. Keine Sorge, dafür ist es nicht zu früh! Wöchentliche oder monatliche Einträge und Fotos werden Ihnen später helfen sich daran zu erinnern, wie die gemeinsame Zeit im ersten Lebensjahr des Babys war. Zwillinge sollten Sie nicht nur zusammen, sondern auch getrennt fotografieren. Jedes der Kinder möchte später zwar sein Geschwister sehen, aber auch seine eigene Geschichte verfolgen können.

Schlaflieder

Suchen Sie Augenkontakt und singen Sie Ihrem Kind ein Schlaflied vor, während Sie es zu Bett bringen. Halten Sie eine kleine Auswahl bereit, sodass sich Ihr Baby an den Rhythmus und den beruhigenden Klang Ihrer Stimme gewöhnt. Wie wäre es mit »Schlaf, Kindlein, schlaf«, »Guten Abend, gute Nacht«, »Die Blümelein, sie schlafen« und »Weißt du, wie viel Sternlein stehen«?

Mit dem Baby um den Block

Packen Sie Ihr Baby in den Kinderwagen oder ins Tragetuch und unternehmen Sie einen kurzen Spaziergang in Ihrer Nachbarschaft. Beschreiben Sie ihm die ganze Zeit, was es zu sehen gibt. Der beruhigende Klang Ihrer Stimme und die sanften Bewegungen werden ihre entspannende Wirkung nicht verfehlen.

Gesund essen

Gesunde, nährstoffreiche Kost liefert Ihnen jetzt die Energie, die Sie für die Pflege Ihres Babys brauchen. Wenn Sie stillen, wird Ihr Baby sogar direkt davon profitieren. Hier ein paar schnelle Snacks (alle einhändig essbar), die den Blutzuckerspiegel und damit auch Ihre Laune stabil halten:

- Hartgekochtes Ei mit rohem Gemüse wie Karottensticks, Brokkoliröschen oder roter Paprika
- Körnerbrötchen mit Frischkäse und Räucherlachs
- Vollkorntoast mit Erdnussbutter
- Eine Banane und einige ungesalzene Nüsse
- Ein Apfel und ein paar Stückchen Käse

MONAT 1

Tipps & Ideen

Viel trinken

Reichlich zu trinken ist wichtig, damit Sie genug Energie haben, um sich um Ihr Baby zu kümmern. Am besten ist Wasser, aber auch Milch, Säfte und entkoffeinierter Tee oder Kaffee sind in Maßen erlaubt. Wenn Sie stillen, sollten Sie Koffein meiden, denn es gelangt über die Muttermilch in den Kreislauf des Babys.

Babys Mimik spiegeln

Sehen Sie dem Baby in die Augen und ahmen Sie seinen Blick oder sein Zwinkern nach. Vielleicht macht es Sie nach, denn es versucht bereits, in Ihrem Gesicht zu lesen.

Baby im Raum

Machen Sie mit dem Baby einen Rundgang durchs Haus. Heben und senken Sie es dabei immer wieder ganz vorsichtig (den Kopf gut stützen!). Sein Gehirn beginnt schon zu lernen, wie sich der Körper in alle Richtungen bewegt.

Kuscheln erlaubt

Für Eltern ist es wunderschön, mit dem Baby zu kuscheln. Es sollte aber auch die Nähe anderer Personen erleben, sodass es lernt, wie diese sich anfühlen und riechen. Denken Sie daran, dass auch Sie selbst ab und zu ein paar freundliche Streicheleinheiten brauchen.

Licht & Schatten

Legen Sie Ihr Baby so hin, dass es aus dem Fenster schauen kann, etwa auf einen Baum mit Blättern. Schon in den ersten Lebenswochen kann es Muster und Hell-Dunkel-Kontraste unterscheiden.

Zunge zeigen

Strecken Sie vor dem Baby etwa alle 20 Sekunden die Zunge heraus. Es wird eine Weile dauern, aber schließlich wird es sehr wahrscheinlich ebenfalls die Zunge herausstrecken.

Fragen notieren

Alle Fragen und Probleme, die Sie bezüglich des Babys haben, sollten Sie gleich notieren und zum Gespräch mit dem Arzt oder der Hebamme mitnehmen.

Verfolgungsspiele

Im ersten Lebensmonat bessert sich die Sehschärfe des Babys so, dass es nicht mehr nur Dinge unmittelbar vor sich, sondern bis in 20–35 cm Entfernung erkennt. Das entspricht genau dem Abstand Ihres Gesichts während des Fütterns oder Stillens. Trainieren Sie sein Sehvermögen, indem Sie es dazu bringen, Ihrem Gesicht mit den Augen zu folgen. Halten Sie es im Arm und bewegen Sie Ihren Kopf langsam von einer Seite zur anderen. Vielleicht gelingt es dem Baby, Ihre Bewegungen mitzuverfolgen.

Die Entdeckung der Hände

Halten Sie die Hände des Babys in Ihren oder lassen Sie es Ihre Finger greifen. Bewegen Sie sie dann zu langsamer Musik sanft hin und her. Es wird seine Hände – und Sie – entdecken und beobachten, auch wenn es noch nicht realisiert, dass die Hände zu seinem Körper gehören.

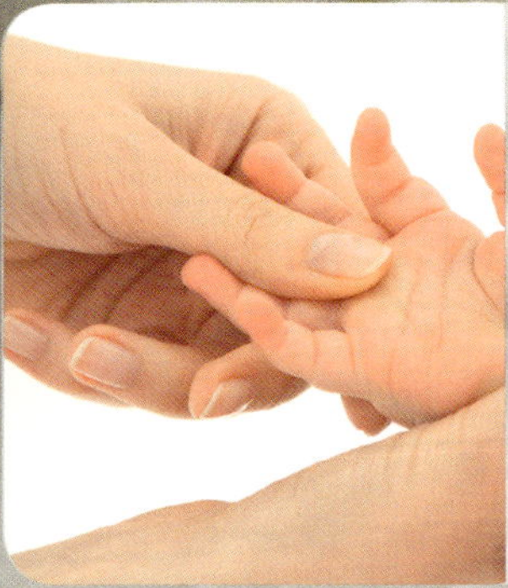

Sanfte Handmassage

Öffnen Sie vorsichtig die Hände des Babys und streichen Sie mit Pflanzen- oder Speiseöl (etwa Olivenöl) über seine Handflächen. Verwenden Sie keine Öle, die Allergien hervorrufen können, wie Erdnuss-, Sesam-, Paraffin- oder ätherische Öle.

Das Baby
zur Ruhe bringen

Weint das Baby und Sie wissen nicht warum, probieren Sie diese entspannende Yogastellung, bei der Sie leise summen oder ihm etwas vorsingen können.

Singen Sie, wenn möglich, auch beim Windelwechseln oder anderen Routinetätigkeiten. Das Baby liebt Ihre Stimme, auch wenn Sie nicht besonders musikalisch sind.

Besänftigende Stellung

Legen Sie das Baby auf dem Rücken auf eine weiche Unterlage. Achten Sie darauf, dass es warm und bequem liegt. Knieen Sie sich auf allen vieren davor und beugen Sie sich über Ihr Kind, sodass Unterarme und Handflächen auf beiden Seiten neben dem Baby aufliegen und sich Ihr Gesicht nahe an seinem befindet. Singen oder summen Sie leise, um es zur Ruhe zu bringen. Versuchen Sie, möglichst lange auszuatmen, das löst die Anspannung. Genießen Sie die Dehnung in der Wirbelsäule, falls Sie Rückenbeschwerden haben.

MONAT
1

Das »Baby-schläft«-Schild

Klingelt es öfter an der Tür, während das Baby schläft, basteln Sie doch ein Schild, auf das Sie mit wasserfestem Stift »Baby schläft, bitte kommen Sie ein anderes Mal wieder« schreiben und das Sie draußen an der Haustür aufhängen.

Bei einer lautstarken Familie empfiehlt sich auch ein ähnliches Schild an der Tür zum Babyzimmer, damit alle wissen, wann sie sich ruhig verhalten müssen.

Einfache Gesichter zeichnen

Nichts liebt Ihr Baby mehr als Gesichter. Zeichnen Sie ihm ein ganz einfaches mit einem schwarzen Stift auf weißem Papier und halten Sie es etwa 30 cm vor ihm hin. Es wird davon fasziniert sein!

Leopard im Baum

Legen Sie das Baby mit dem Bauch auf Ihren Unterarm, sein Kopf ruht in Ihrer Hand. Sein Kopf kann aber auch auf Ihrem Unterarm in der Nähe des Ellbogens liegen, während Sie das Baby mit beiden Händen halten. Sobald Sie beide sich an diese Stellung gewöhnt haben, können Sie Ihr Baby sanft hin und her schwingen.

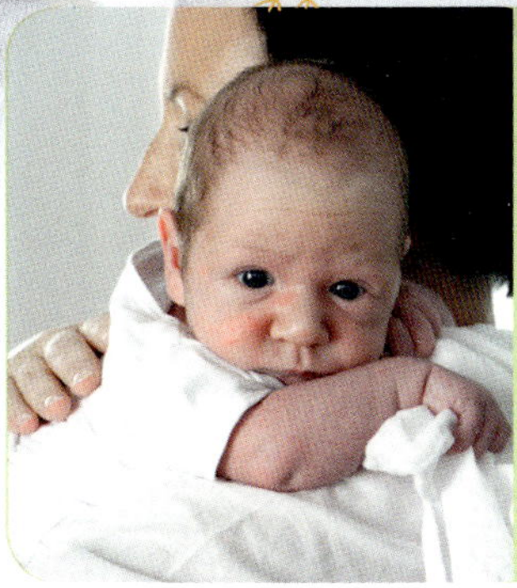

Vogelperspektive

Legen Sie sich das Baby über die Schulter. Eine Hand am Po trägt sein Gewicht, die andere ruht am oberen Rücken und hält sanft sein Köpfchen. Gehen Sie mit ihm im Zimmer umher, damit es die Welt in aller Ruhe von oben betrachten kann.

Zeigen Sie Ihrem Baby diese Seite

Die kontrastreichen Muster helfen ihm, das Fokussieren zu üben und räumliches Sehen zu entwickeln.

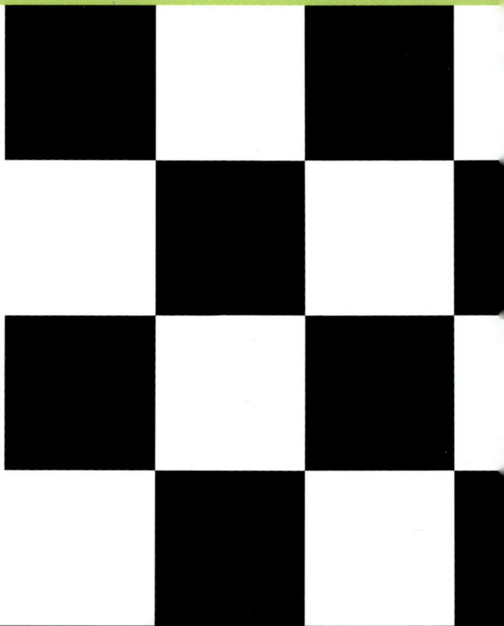

Zeit zum Gesichter-lesen

Bieten Sie Ihrem Baby, so oft Sie es in den Armen halten, die Möglichkeit Ihr Gesicht zu betrachten. Seine Sehschärfe wird immer besser. Falls Sie dunkelhaarig sind, werden Sie feststellen, dass sein Blick nicht nur über Ihr Gesicht, sondern auch über Ihr Haar schweift.

Signale verstehen

Versuchen Sie herauszufinden, was Ihr Baby Ihnen sagen will. Wenn Sie auf seine Signale reagieren, lernt es, wie wichtig Kommunikation ist. Sie werden bald wissen, wann es zufrieden ist, wann es Hunger hat oder einfach nur Nähe sucht. Wenn es müde ist, reibt es sich die Augen. Gähnt es, dreht den Kopf weg oder runzelt die Stirn, hat es genug vom Spielen.

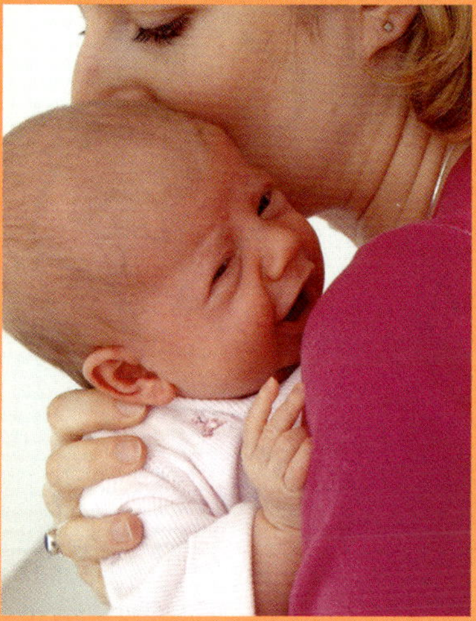

Die praktische Wickeltasche

Sobald Sie im Umgang mit dem Baby sicherer sind, werden Sie immer häufiger mit ihm nach draußen gehen. Nach jedem Ausflug sollten Sie die Wickeltasche neu mit Windeln, Reinigungstüchern und Spucktüchern befüllen, damit sie immer griffbereit ist. So haben Sie eine Sache weniger, um die Sie sich kümmern müssen, bevor Sie aus dem Haus gehen.

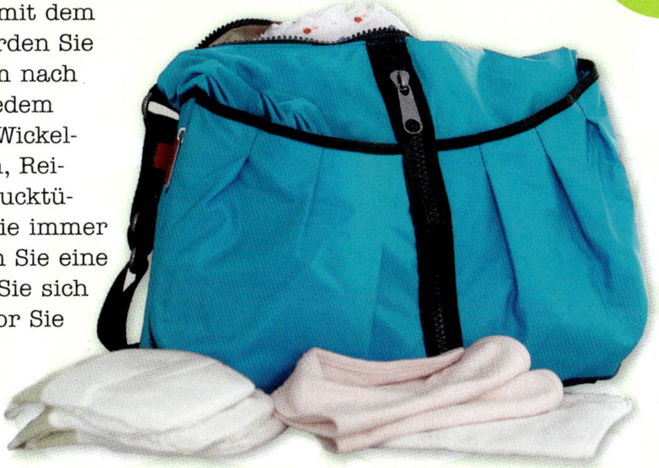

Kleiner Zappelphilipp

Legen Sie das Baby in einem gut geheizten Zimmer auf eine weiche Unterlage. Es sollte nur eine Windel und vielleicht den Body tragen, damit es sich frei bewegen und ein Gefühl für seinen Körper entwickeln kann. Es wird mit den Beinchen strampeln, mit den Armen zappeln und vielleicht in die Luft schlagen. Das macht Spaß und trainiert obendrein die Muskeln und die Koordination.

Ihr Baby mit …
1–2 Monaten

Ihr wenige Wochen altes Baby übt jetzt seine **Muskelkontrolle**: Es kann seinen Kopf inzwischen ein wenig *anheben* und *bewegen*. Insgesamt werden seine Bewegungen etwas geschmeidiger. Mit Stimme und **Körpersprache** zeigt es seine *Aufregung*, sobald es Ihre Anwesenheit spürt, und vielleicht reagiert es mit *kleinen Lauten*, wenn Sie mit ihm sprechen. Seine **Sehschärfe** verbessert sich, sodass es Dinge vor seinem Gesicht *verfolgen* kann. Es **nimmt** auch andere wichtige Personen in seinem Leben **wahr**.

Ihr Baby

kann wahrscheinlich schon:

- den Kopf von einer Seite zur anderen drehen
- mit Lauten auf Sie reagieren
- durch Körperbewegungen kommunizieren
- Dinge erkennen, die etwas weiter weg sind
- Beziehungen zu anderen Familienmitgliedern aufbauen
- lächeln
- Sie nachmachen, indem es den Mund öffnet und schließt, wenn Sie mit ihm sprechen

Manche Babys können sogar:

- kurz hochschauen, während sie auf dem Bauch liegen

Stopp!

Nur staunen

Unterbrechen Sie Ihre momentane Tätigkeit und nehmen Sie sich ein paar Minuten Zeit, um sich ganz auf Ihr Baby zu konzentrieren. Staunen Sie, wie seine Körperkontrolle immer besser wird, wie es immer lebendiger wird und wie schnell es Sie erkennt. Es gibt so viele schöne Augenblicke mit einem Baby, die in der Hektik des Alltags leider oft zu kurz kommen.

Neue Freunde

Babys sind fasziniert von anderen Kindern. Erlauben Sie seinen Geschwistern oder Cousins und Cousinen es zu streicheln, während Sie es im Arm halten. Bestimmt bieten sie sich auch gern als Helfer an, etwa indem sie frische Windeln reichen oder mit dem Baby sprechen, während Sie es umziehen. Laden Sie auch Freunde oder Nachbarn mit kleinen Kindern ein. Ihrem Baby wird es gefallen, wenn Kinder in seiner Nähe spielen.

Visuelle Anregung

Das Baby kann jetzt auch Dinge, die etwas weiter weg sind, immer besser sehen. Es unterscheidet die Farben Rot, Grün und Gelb sowie verschiedene Formen. Schenken Sie ihm einen Spielbogen, unter dem es liegen und die baumelnden, tanzenden Objekte über sich in aller Ruhe beobachten kann.

MONAT
2

Baby-Aerobic

Helfen Sie Ihrem Baby, mit Baby-Aerobic seine Muskulatur zu stärken. Lassen Sie sich nicht entmutigen, wenn es anfangs nicht sehr begeistert davon zu sein scheint. Versuchen Sie es einfach später noch einmal. Sicher wird es bald auf ihre sanften Berührungen und ihre aufmunternde Stimme reagieren und seine Glieder entspannen. Führen Sie die kleinen Übungen zu einem Lied oder einem Kinderreim immer in einem warmen, trockenen Raum aus.

Arm & Bein heben

Das Baby liegt auf dem Rücken auf einer weichen Unterlage auf dem Boden, Sie knien vor ihm. Nehmen Sie seine Hände in Ihre und heben und senken Sie sie ganz vorsichtig einige Male. Verfahren Sie genauso mit seinen Füßen. Heben Sie seine Füße danach ein wenig vom Boden. Spreizen Sie die Beinchen ganz leicht, führen Sie sie wieder zusammen und legen Sie die Füße wieder am Boden ab. Die Übung mehrere Male wiederholen.

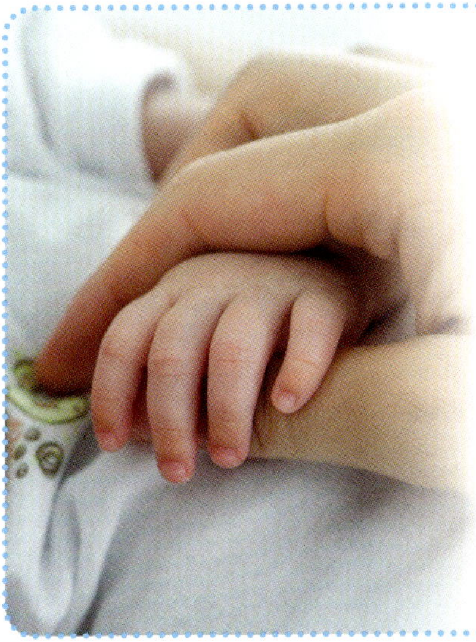

Kleine
Kreise

Heben Sie die Hände Ihres Babys ein wenig an und führen Sie mit seinen Armen kleine Kreisbewegungen aus. Verfahren Sie mit den Füßen und Beinen genauso.

Singen Sie dabei oder sagen Sie ihm Kinderreime vor. Sie können auch einfach nur leise mit ihm sprechen, wenn es darauf besser reagiert.

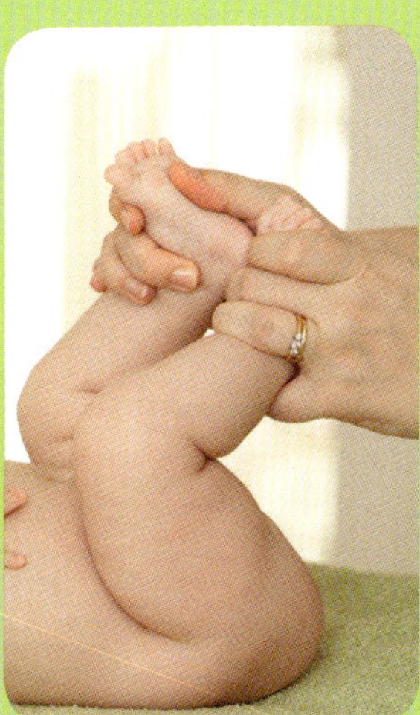

Rad fahren und Knie
anziehen

Heben Sie die Füße Ihres Babys an. Vollführen Sie mit seinen Beinen kleine Radfahrbewegungen. Beenden Sie die Übung, indem Sie seine Knie ein paar Male vorsichtig gegen die Brust drücken, sodass sich sein Po vom Boden hebt. Diese Bewegung tut Ihrem Baby besonders gut, wenn es unter Koliken oder Blähungen leidet.

Sag mal »aaaa«

Ihr Baby liegt in Ihrem Arm oder in der Babywippe vor Ihnen, sodass Sie sich direkt in die Augen sehen können. Produzieren Sie einen vokalbetonten Laut, wie »aaa« oder »ooo«. Sie dürfen Ihre Mimik dabei ruhig übertreiben. Vielleicht antwortet Ihr Baby mit einem ähnlichen Laut. »Kommunizieren« Sie auf diese Weise, solange das Baby Interesse zeigt. Das Spiel mit Vokalen hilft ihm, Sprache von anderen Geräuschen zu unterscheiden.

Ein starkes Band

Im Leben Ihres kleinen Babys ist schon so viel geschehen, dass die Geburt Jahre zurückzuliegen scheint. Betrachten Sie die Ultraschallbilder und die Fotos, die Sie von Ihrem Neugeborenen gemacht haben. Erinnern Sie sich daran, als Sie Ihr Baby nach der Geburt zum ersten Mal sahen, oder an einen anderen glücklichen Moment aus jenen Tagen. Diese positiven Erinnerungen helfen Ihnen nicht nur, weniger schöne Erfahrungen während der Geburt zu verarbeiten. Sie setzen auch Oxytocin frei, ein Hormon, das die Bindung zu Ihrem Baby stärkt und festigt.

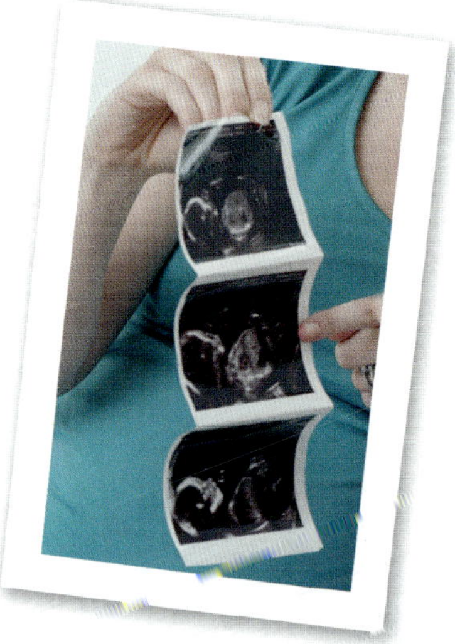

Küsse & Worte

Wenn Sie Ihr Baby umziehen oder wickeln, sagen Sie »Ich liebe deinen Bauch« und küssen Sie es dort. Wiederholen Sie dasselbe mit seinen Händen, Füßen, der Stirn, den Ohren und der Nase. Die Kombination aus Berührung und Worten hilft dem Baby zu lernen, der Sprache zuzuhören und Zuwendung zu genießen.

Laut lesen

Wenn Sie Zeitung, die Sportseite oder ein Magazin lesen und das Baby gerade wach ist, lesen Sie ihm laut vor. Der Inhalt spielt keine Rolle – es geht nur darum, dass Ihr Baby Ihre vertraute Stimme und die langen, deutlichen Laute hört, die Sie produzieren.

MONAT 2

Locker & entspannt

Kommt das Baby nicht zur Ruhe oder Sie beide brauchen ein bisschen Entspannung, kann diese Yoga-Meditation helfen.

Legen Sie ein Band oder ein langes, schmales Stück Stoff auf den Boden. Stellen Sie sich barfuß davor. Das Baby ruht auf Ihrer Schulter, sodass es hinter Sie sehen kann. Stützen Sie wenn nötig seinen Kopf. Halten Sie den Rücken gerade und verteilen Sie Ihr Gewicht gleichmäßig auf beide Füße. Die Knie sollten leicht gebeugt sein. Beschreiten Sie nun mit kleinen Schritten das Band, summen Sie dem Baby etwas vor und atmen Sie ruhig. Konzentrieren Sie sich darauf, einen Fuß vor den anderen zu setzen. Blenden Sie alles aus, was Sie gedanklich belastet oder ablenkt. Sind Sie am Ende des Bandes angekommen, drehen Sie sich herum und schreiten Sie auf dieselbe Weise wieder zurück.

Baby-Videos

Filmen Sie kurze Videos von den Alltagsaktivitäten Ihres Babys, etwa wie es auf dem Rücken liegt und mit den Füßen in die Luft tritt oder wie es in der Badewanne liegt. So trivial Ihnen die Aufnahmen heute vorkommen: In späteren Jahren werden Sie froh sein, sie gemacht zu haben.

MONAT 2

Ohren auf!

Das Gehör Ihres Babys ist von Geburt an gut entwickelt. Mit etwa sechs Wochen versucht es herauszfinden, wo Sie sind, wenn es Ihre Stimme hört, ohne Sie zu sehen. Trainieren Sie im Spiel die Koordination von Ohren und Augen: Setzen Sie es in die Babywippe und sprechen Sie von verschiedenen Stellen im Zimmer aus mit ihm. Beobachten Sie, ob es seinen Kopf in Ihre Richtung dreht.

Heiße Tipps

Tauschen Sie sich mit Freunden oder in einem Elternforum (siehe Adressen) über die Babypflege aus. Es ist schön, anderen zu helfen und selbst auch neue Tipps zu bekommen.

Coole Rhythmen

Legen Sie ruhige Musik auf, zu der Sie gerne tanzen. Nehmen Sie das Baby auf den Schoß und wiegen Sie sich gemeinsam. Sie können es auch im Arm halten, während Sie sich zur Musik bewegen.

Babygesicht

Schneiden Sie aus buntem Filz einen großen Kreis aus. Machen Sie daraus ein Gesicht, indem Sie Löcher für Augen, Nase und Mund hineinschneiden. Befestigen Sie das Gesicht im Kinderwagen, sodass das Baby es bei der Spazierfahrt betrachten kann.

Schalspiel

Nehmen Sie einen Schal und lassen Sie das fransige Ende neben dem Baby herabbaumeln. Versuchen Sie, mit den Fransen seine Hand zu kitzeln, damit es aufmerksam wird. Halten Sie den Schal dann still und beobachten Sie, ob es versucht danach zu greifen oder zu schlagen.

Bücher über Bücher

Vorlesen ist ein schöner Weg, um mit dem Baby Kontakt aufzunehmen und die Bindung zu ihm zu festigen. Indem Sie die Texte laut vorlesen und über die Bilder im Buch sprechen, machen Sie das Baby schon früh mit Lauten und Sprache vertraut. Holen Sie sich in der örtlichen Bücherei eine Auswahl an Kinderbüchern mit großen, bunten, nicht allzu detaillierten Bildern.

Die Familie vorstellen

Tanten, Onkel, Cousins und Cousinen können jetzt Teil von Babys weiterem sozialen Kreis werden. Präsentieren Sie ihm am besten immer nur eine neue Person. Geben Sie ihm Zeit, das fremde Gesicht zu betrachten und Augenkontakt herzustellen.

Tagebuch schreiben

Schreiben Sie, so oft es geht, ins Babytagebuch, damit Sie all die kostbaren Momente dieser ersten Monate nicht vergessen: Vielleicht ändert sich seine Augen- oder Haarfarbe, es lächelt Sie zum ersten Mal an oder es gibt neue Laute von sich.

MONAT 2

Bitte lächeln

Erleben Sie in diesem Monat das erste bewusste Lächeln Ihres Babys. Wenn Sie es immer wieder anlächeln, wird es darauf irgendwann reagieren und zurücklächeln. Belohnen Sie es, indem Sie ihm Ihre Begeisterung zeigen. Von jetzt an wird es immer häufiger lächeln: Lächeln ist eines seiner ersten aktiven zwischenmenschlichen Handlungen. Genießen Sie es, während Ihr Baby lernt, wie es seine Freude ausdrücken kann, und Ihre Reaktion beobachtet.

Baden mit dem Baby

An die Brust von Mama oder Papa gekuschelt, wird Baden auch für eher wasserscheue Babys zu einem angenehmen Erlebnis. Achten Sie auf die richtige Wassertemperatur, bevor Sie gemeinsam in die Wanne steigen. Sprechen Sie beruhigend mit ihm, während Sie vorsichtig aus der Hand etwas Wasser auf seinen Bauch fließen lassen.

Wie ein Känguru

Wenn Ihr Baby sich nur durch Körperkontakt beruhigen lässt, tragen Sie es in einem Tuch oder einer Trageschlaufe während Ihrer alltäglichen Aktivitäten bei sich. Scheuen Sie sich nicht es dabei sanft auf und ab zu wiegen, zu knuddeln oder vorsichtig hin und her zu schwingen. Sprechen Sie leise mit ihm, wenn es wach ist.

Zur Ruhe kommen

Haben Sie das Gefühl, dass Ihr Baby überdreht, gelangweilt, müde oder auf der Suche nach Nähe ist, stellen Sie alle Hintergrundgeräusche wie Fernseher oder Radio ab oder nehmen Sie es mit in ein ruhigeres Zimmer. Halten Sie es im Arm und sprechen oder singen Sie leise. Das lässt seinen Stresspegel sinken. Sobald es sich entspannt, wird es friedlich in Ihren Armen liegen und Ihnen intensiv in die Augen sehen. Das zeigt Ihnen, dass alles wieder gut ist.

Schau mal

Bewegen Sie ein Spielzeug langsam vor dem Baby hin und her. Wenn es dabei rasselt oder quietscht, umso besser. Vielleicht verfolgt Ihr Baby es mit den Augen. Sie können auch ein Spielzeug direkt vor sein Gesicht halten, damit es danach treten oder schlagen kann. Außer Spielzeug können Sie auch Alltagsgegenstände wie bunte Wolle, Bänder oder eine glitzernde Geschenkdekoration verwenden.

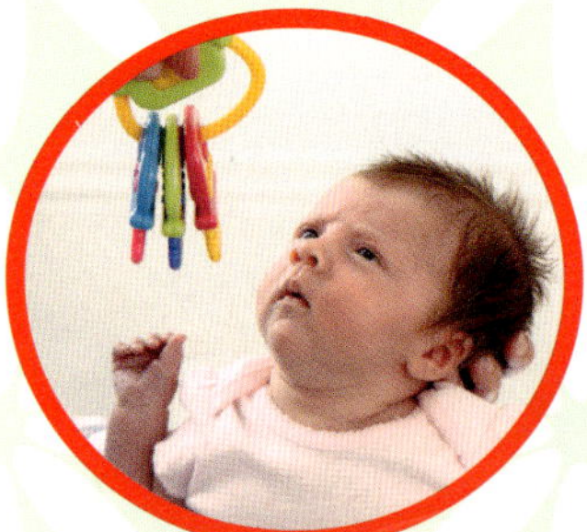

Fingerspiel

Die kleine Spinne

Wiederholen Sie diesen einfachen Kinderreim und wandern Sie dabei lächelnd mit den Fingern auf dem Arm Ihres Babys auf und ab. Es wird gern Ihr Gesicht beobachten und bald zeigen, wie viel Spaß es an dem kleinen Fingerspiel hat:

»Imse, Wimse, Spinne,
wie lang dein Faden ist!
Kam der Regen runter –
ssst – der Faden riss!
Da kam die Sonne
leckt den Regen auf.
Imse, Wimse, Spinne
die klettert wieder rauf!«

Wo bist du?

Legen Sie sich auf dem Rücken auf das Bett oder den Boden. Nehmen Sie Ihr Baby auf den Bauch. Halten Sie Ihren Kopf hoch, sodass Sie es sehen können. Nennen Sie es beim Namen und heben Sie seinen Körper leicht an. Dadurch ermuntern Sie es, ebenfalls den Kopf zu heben, damit es Sie sehen kann. Loben Sie es, wenn es ihm gelingt. Das Heben des Kopfes ist eine wichtige Voraussetzung für die nächsten Entwicklungsschritte.

MONAT
2

Spiegelbilder

Legen Sie Ihr Baby auf den Rücken auf eine weiche Unterlage. Legen Sie sich direkt daneben, sodass sich Ihre Köpfe berühren und Sie beide nach oben sehen. Halten Sie einen großen Handspiegel hoch, in den Sie beide hineinschauen können. Suchen Sie im Spiegel Augenkontakt zum Baby und nennen Sie seinen Namen. Lächeln Sie es im Spiegel an und beobachten Sie, wie sich sein Gesichtsausdruck ändert. Loben Sie es ausgiebig.

Ziehen Sie Grimassen und beobachten Sie die Reaktion des Babys. Heben Sie zum Beispiel die Augenbrauen oder reißen Sie die Augen auf. Ihr Baby liebt es Ihr Gesicht zu betrachten – dieses Spiel verstärkt seine Fähigkeit Gesichtszüge zu erkennen.

MONAT 2

Auge in Auge

Ob im Tragetuch oder im Buggy: Zeigen Sie Ihrem Baby so oft es geht Ihr Gesicht. Es möchte Ihre Mimik beobachten, Ihre Mundbewegungen, während Sie sprechen, und es möchte Sie gut hören können. Das alles ist wichtig für seine Sprachentwicklung. Haben Sie einen vorwärts gerichteten Kinderwagen, drehen Sie ihn jedes Mal zu sich herum, wenn sie unterwegs stehen bleiben müssen.

Spaß unterwegs

Wenn Sie eine Weile mit dem Baby unterwegs sind, packen Sie einen kleinen Beutel mit Spielsachen in die Wickeltasche, die dem Baby gefallen, wie zum Beispiel eine Rassel oder ein Quietschtier. Das Baby mag Geräusche und Bewegungen und lässt sich damit leicht bei Laune halten.

Kurze Pause

Ihr Baby liebt Gesichter, auch die anderer Menschen. Nutzen Sie das für eine kleine Pause – bitten Sie die Großeltern oder andere nahestehende Personen, sich für kurze Zeit um das Baby zu kümmern, während Sie E-Mails lesen, Hausarbeiten erledigen oder sich einfach nur ausruhen.

Die Geschichte wiederholen

Egal, ob Sie eine eigene Geschichte erfinden oder eine aus dem Buch vorlesen: Wiederholen Sie sie mehrmals, sodass Ihr Baby immer wieder dieselben Laute hört. Das mag es gern und vielleicht versucht es sogar Sie nachzuahmen, indem es den Mund öffnet und schließt, wenn Sie sprechen.

Ihr Baby mit ...

2–3 Monaten

Ihr Baby entdeckt jetzt seine *Hände*, es lernt sie zu *öffnen* und zu *schließen* und mit den **Fingern** zu spielen. Wenn Sie mit ihm reden, versucht es mit unterschiedlichen *Lauten* zu antworten. Vielleicht **überrascht** es Sie sogar mit einem ersten *Lachen* und **Glucksen.** Es gewinnt mehr **Kontrolle** über die Nackenmuskeln, sodass es den **Kopf** von einer Seite zur anderen *drehen* und ihn in der **Bauchlage** schon kurz *anheben* kann.

Ihr Baby

kann wahrscheinlich schon:

- zurücklächeln
- Arme und Beine besser bewegen
- sich nach Spielzeug ausstrecken
- ein Objekt mit der Hand umschließen
- Primärfarben unterscheiden
- seine Mimik einsetzen
- stimmhaft lachen

Manche Babys können sogar:

- in Bauchlage den Kopf im 90-Grad-Winkel heben
- bewusst nach etwas greifen

In der Natur

Lassen Sie Ihr Baby an einem trockenen, warmen Tag im Kinderwagen ein Schläfchen draußen im Schatten halten. Nehmen Sie für sich selbst eine Decke oder einen Klappstuhl mit und gönnen Sie sich ebenfalls eine kleine Ruhepause. Lauschen Sie den Geräuschen der Natur und entspannen Sie sich. Sie können sich auch zusammen mit dem Baby auf eine Decke unter einen Baum legen und gemeinsam die Blätter betrachten.

Schlitten fahren

Legen Sie ein großes Stück Pappe auf einen Teppich (in der Pappe dürfen keine spitzen Klammern oder ähnliche Dinge stecken). Legen Sie Ihr Baby mit dem Bauch auf die Pappe, die Arme sind nach vorne oder zur Seite gestreckt. Bewegen Sie die Pappe vorsichtig hin und her. Ihr Baby wird seinen Kopf für einige Sekunden heben, um nachzusehen, was da vor sich geht.

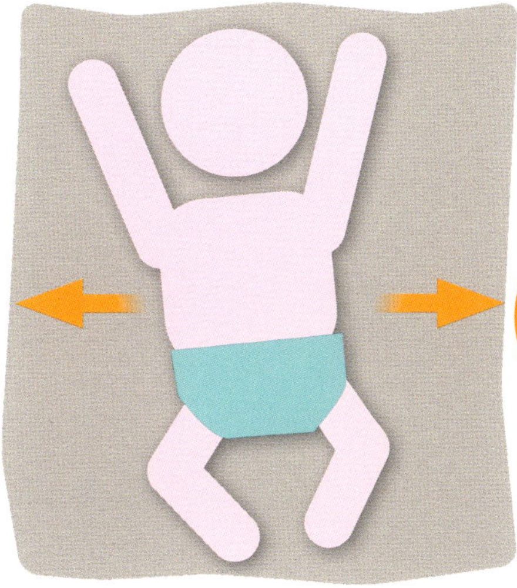

Weißes Rauschen

Ist Ihr Baby überreizt und kann nicht in den Schlaf finden, stellen Sie einfach den Staubsauger oder die Waschmaschine an. Das gleichmäßige Geräusch der Geräte wird es mit Sicherheit einlullen.

Fingerpuppen basteln

Für die ersten von vielen angeregten (und momentan noch einseitigen) Unterhaltungen mit Ihrem Baby sind Fingerpuppen aus buntem Filz hervorragend geeignet. Mit Begeisterung wird es verfolgen, wie sie auf Ihren Fingern zappeln, während Sie über jedes der Tiere sprechen und die dazugehörigen Tierlaute machen. Bewahren Sie die Puppen aber nicht in Reichweite des Babys auf.

1 Die Umrisse eines Kopfes und der wichtigsten tierischen Merkmale auf Pauspapier zeichnen und ausschneiden. Auf den Filz heften und ausschneiden.

2 Für jede Puppe zwei Kopfteile ausschneiden. Augen, Schnauze, Nüstern, Zähne, Streifen und so weiter auf eines der Kopfteile nähen.

3 Beide Kopfteile zusammennähen. Unten offen lassen, damit man den Finger hineinstecken kann. Weitere Merkmale wie Ohren oder Mähne aufnähen.

Aufpeppen des Spielbogens

Ihr Baby hat nun immer mehr Spaß daran, nach den Objekten am Spielbogen zu schlagen und danach zu treten. Sorgen Sie für Abwechslung, indem Sie immer wieder neue, altersgerechte Spielsachen aufhängen. Achten Sie darauf, dass sie ausreichend befestigt sind und so tief hängen, dass das Baby sie gelegentlich mit den Händen berühren kann.

Flatterhaft

Werfen Sie einen dünnen Seidenschal in die Luft, sodass Ihr Baby beobachten kann, wie er langsam zu Boden fällt. Wiederholen Sie das mehrere Male und erzählen Sie ihm, was gerade passiert. Beobachten Sie an seiner Mimik, ob ihm das gefällt. Alternativ können Sie auch Federn verwenden.

Wimpernküsse

Geben Sie Ihrem Baby zarte Schmetterlingsküsse, indem Sie Ihre Augen nahe an seine Wange bringen und mit den Wimpern klimpern, sodass diese seine Haut berühren. Dem Baby werden das leichte Kitzeln und natürlich Ihre Nähe gut gefallen.

MONAT 3

Hoch hinaus

Setzen Sie sich auf den Boden, ziehen Sie die Knie an und legen Sie sich das Baby bäuchlings auf die Schienbeine. Halten Sie seine Hände in Ihren, atmen Sie aus und rollen Sie mit Hilfe der Bauchmuskeln langsam rückwärts, bis Sie auf dem Rücken liegen. Die Knie gehen dabei nach oben, bis das Baby nahezu waagrecht auf ihnen liegt. Sprechen Sie mit ihm, damit es aufmerksam bleibt. Wenn Ihre Bauchmuskeln kräftig genug sind, rollen Sie nach einer Weile zurück in die Ausgangsposition. Oder Sie heben das Baby von Ihren Beinen herunter und knuddeln es.

MONAT 3

Buntes Mobile

Kaufen oder basteln Sie ein Mobile und hängen Sie es im Zimmer auf, am besten über dem Bettchen Ihres Babys.

Wenn Sie das Mobile selbst herstellen wollen, schneiden Sie aus buntem Filz Umrisse aus, etwa Teddybären, Katzen, Ballons, Clowns oder Boote, die Sie zum Beispiel aus Büchern abpausen können. Nähen Sie ihnen zusätzliche Merkmale an und befestigen Sie oben einen Faden. Befestigen Sie jeden der Fäden an der Speiche eines geöffneten Spielzeugregenschirms. Achten Sie darauf, das Regenschirm-Mobile so an der Decke aufzuhängen, dass das Baby es zwar gut sehen, aber keinesfalls anfassen kann.

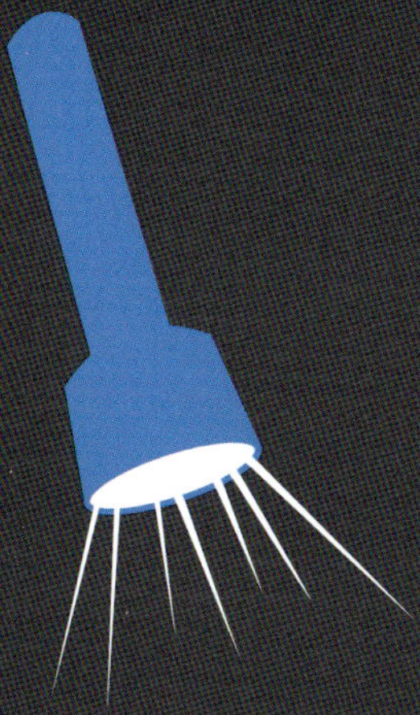

Scheinwerfer an!

Ihr Baby liebt Hell-Dunkel-Kontraste. Nehmen Sie es zur Schlafenszeit in einem schwach beleuchteten Raum auf den Schoß und lassen Sie verschiedene Objekte im Lichtkegel einer Taschenlampe erstrahlen. Nennen Sie dabei immer den Namen des jeweiligen Objekts.

Tipps & Ideen

Eltern-und-Kind-Gruppen

Wenn Sie sich einer örtlichen Eltern-und-Kind-Gruppe anschließen, hat nicht nur Ihr Baby mehr Anregung, sondern auch Sie profitieren vom Austausch. Adressen erhalten Sie beim Kinderarzt, in der Tageszeitung oder im Internet. Probieren Sie ruhig mehrere Gruppen aus, um die zu finden, in der Sie und das Baby sich rundum wohlfühlen.

Erstes Lachen

Ihr Baby ahmt Sie gern nach, also versuchen Sie, es zum Lachen zu bringen. Heben Sie die Augenbrauen, öffnen Sie den Mund und lachen Sie es an. Vielleicht reagiert es darauf mit seinem ersten lauten Lachen.

Farben sehen

Ihr Baby beginnt Unterschiede zwischen Farbtönen wie zum Beispiel Rot und Orange wahrzunehmen. Bieten Sie ihm weiterhin bunte Spielsachen an, um seine Farbwahrnehmung zu schulen.

Alles anfassen

Das Baby kann Arme, Hände und Finger immer besser kontrollieren und möchte alles anfassen – auch Sie! Lassen Sie es Ihr Gesicht berühren und lächeln Sie es dabei aufmunternd an. Aber Vorsicht, das Baby hat noch nicht gelernt, wie man etwas loslässt!

Pause von der Welt

Verbringen Sie ein paar ruhige Minuten mit dem Baby und lassen Sie die Welt an sich vorbeiziehen. Nehmen Sie es auf den Schoß und setzen Sie sich mit ihm an ein Fenster, sodass es hinaussehen kann. Beschreiben Sie ihm, was draußen passiert und deuten Sie auf Dinge oder Personen in der Nähe.

Büchertausch

Mit drei Monaten wird es Zeit, die ersten Bücher des Babys gegen neue Bilderbücher mit etwas mehr Details und bunten, kontrastreichen Farben einzutauschen.

Das Baby unterhalten

Tanzen Sie für oder mit Ihrem Baby zu einer Musik, die Ihnen gefällt. Übertreiben Sie es ruhig mit Ihren Tanzbewegungen und schneiden Sie dabei lustige Grimassen. Das Baby wird Sie begeistert beobachten, wenn Sie selbst dabei lachen und Spaß haben. Sind Sie zu zweit, kann einer von Ihnen das Baby sanft zur Musik auf dem Arm wiegen, während der andere so wild er mag zur Musik tanzt.

Nettes Gespräch

Ihr Baby experimentiert mit seiner Stimme und produziert jetzt vielleicht schon die ersten erkennbaren Laute. Plaudern Sie so oft es geht mit ihm. Anwortet es Ihnen mit Lauten wie »eh« und »oh«, wiederholen Sie diese. Dadurch ermutigen Sie es, noch mehr zu »sagen«.

Rasseln

Ihr Baby macht die ersten Erfahrungen mit dem Prinzip von Ursache und Wirkung: Es wird bald herausfinden, dass zum Beispiel eine Rassel Geräusche macht, wenn es sie schüttelt.

MONAT 3

Rock & Roll

Eine neue Erfahrung verschaffen Sie dem Baby, indem Sie es auf einer weichen Unterlage herumrollen. Bald ist es kräftig genug, um das selbst zu tun.

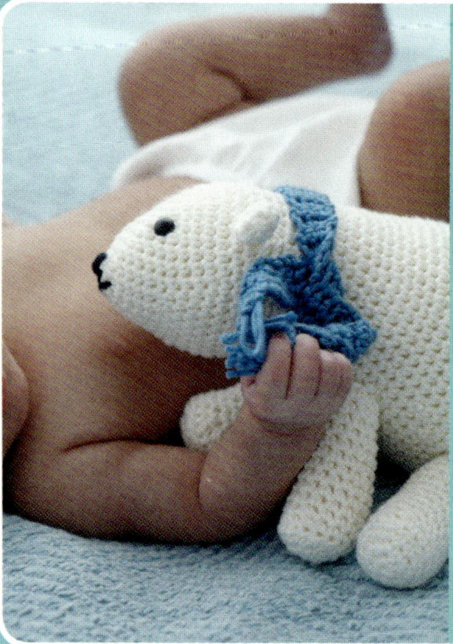

Spüren & fühlen

Wahrnehmungen des Tastsinns fördern die Entwicklung Ihres Babys. Verschaffen Sie ihm deshalb viele neue Empfindungen, etwa indem Sie mit einem Plüschtier über seinen nackten Bauch streichen. Vielleicht möchte es danach das Plüschtier anfassen, um es zu erkunden. Sie können natürlich auch andere Dinge nehmen, zum Beispiel einen Igelball für Babys.

Hand- und Fußabdrücke

Die Hände Ihres Babys sind jetzt nicht mehr ständig zu Fäusten geballt. Sie können jetzt Abdrücke davon machen (natürlich auch von den Füßchen) und sie zum Beispiel im Babytagebuch aufbewahren. Am besten verwenden Sie dazu Aquarellpapier und ungiftige Farben auf Wasserbasis. Eine nette Geschenkidee für die Großeltern ist es, die Abdrücke einzuscannen und auf Tassen oder Teller drucken zu lassen. Alternativ können Sie die Abdrücke direkt auf eine fertige Leinwand setzen (aus der Bastelabteilung im Baumarkt) und als hübsche Wanddeko aufhängen.

Erstes Instrument

MONAT 3

Füllen Sie eine kleine Plastikflasche zur Hälfte mit getrockneten Linsen und schrauben Sie sie fest zu. Nehmen Sie die Hände des Babys in Ihre und schütteln Sie die Flasche zunächst gemeinsam. Singen Sie dann ein Kinderlied und schütteln Sie selbst die Flasche im Takt dazu.

Sockenspiel

Ziehen Sie dem Baby eine einfarbige Socke an. Bewegen Sie seinen Fuß vorsichtig, sodass es die Socke sieht, und benennen Sie die Farbe. Es wird vielleicht versuchen nach der Socke zu fassen und überrascht feststellen, dass sie sich vom Fuß ziehen lässt!

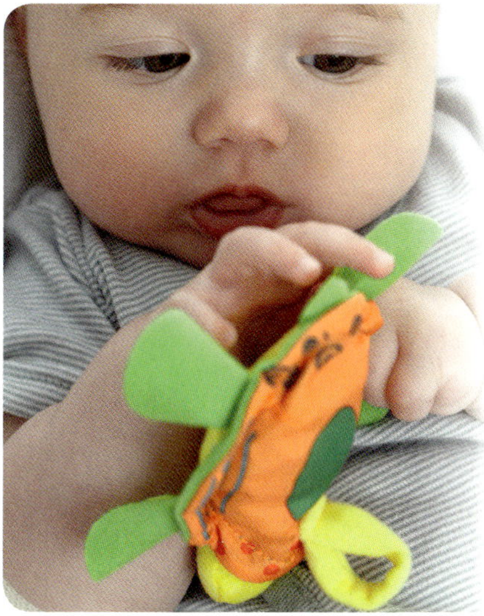

Alles im Griff

Ihr Baby merkt jetzt, was es alles mit seinen Händchen machen kann. Der Greifreflex verschwindet und das Baby kann Gegenstände gezielt anfassen. Geben Sie ihm Dinge mit unterschiedlichen Oberflächenstrukturen zum Untersuchen. Den Spielbogen können Sie nun so einstellen, dass es ans Spielzeug herankommt.

Tanz mit Bach

Spielen Sie klassische Musik und knuddeln Sie Ihr Baby, während Sie sich gemeinsam zur Musik wiegen. Stellen Sie die Musik leiser, wenn Sie mit ihm reden möchten, und erhöhen Sie danach wieder die Lautstärke. Musik zu hören fördert die Entwicklung des mathematischen Denkens und des räumlichen Vorstellungsvermögens.

Bauchlage

MONAT
3

Sobald die Nackenmuskeln Ihres Babys stark genug sind, dass es seinen Kopf etwas anheben und drehen kann, legen Sie es auf eine feste, bequeme Unterlage. Nehmen Sie eine Position direkt gegenüber, aber etwas höher ein. Sprechen Sie mit Ihrem Baby, nennen Sie seinen Namen oder spielen Sie leise Musik. Lassen Sie es einige Minuten auf dem Bauch liegen. Verlängern Sie die Zeit in der Bauchlage, sobald Ihr Baby kräftiger wird. Legen Sie sich zusammen mit ihm und ein paar Spielsachen auf den Boden, um seine Aufmerksamkeit zu wecken.

Die Bauchlage ist für die Entwicklung des Babys wichtig, denn sie geht dem Krabbeln, Stehen und Gehen voraus. Mag Ihr Baby anfangs nicht auf dem Bauch am Boden liegen, legen Sie es sich bäuchlings auf die Brust und sprechen Sie mit ihm. Nach wenigen Malen sollte es bereit sein, noch einmal einen Versuch auf dem Boden zu wagen.

Geräusche

Fördern Sie die Konzentrationsfähigkeit Ihres Babys, indem Sie es die Geräusche verschiedener Haushaltsgegenstände hören lassen, etwa das Ticken eines Weckers, das Piepen des Mikrowellen-Timers oder das Tropfen eines Wasserhahns. Lauschen Sie beide den Geräuschen und erzählen Sie ihm, woher sie kommen.

Turm aus Klötzen

Die Handbewegungen Ihres Babys werden immer flüssiger. Bauen Sie einen einfachen Turm aus bunten Stoffklötzen und bringen Sie ihn mit der Hand zum Einsturz. Bauen Sie den Turm wieder auf und ermuntern Sie Ihr Baby, ihn mit seinen eigenen Händen umzukippen.

Fertig, los!

Ihr Baby liebt es, Sie nachzuahmen. Legen Sie Ihr Kind auf ein Kissen oder eine Decke, wenden sich ihm zu, nehmen Sie seine Hände in Ihre und bewegen Sie seine Arme vorsichtig zu einem Liedchen, das Sie ihm vorsingen. Ihr Baby wird davon nicht genug kriegen können!

MONAT
3

Musikalisches »Horch & Such«

Ihr Baby kann Geräusche nun schon besser orten. Nehmen Sie es auf den Schoß und schütteln Sie links von ihm eine Rassel, die es nicht sehen kann. Beobachten Sie, ob es seinen Kopf dreht und nach der Geräuschquelle sucht. Wiederholen Sie das Geräusch auch auf der anderen Seite.

Ihr Baby mit …

3–4 Monaten

Ab etwa drei Monaten beginnt Ihr Baby seine *Persönlichkeit* zu zeigen. Es drückt sich durch seine **Stimme** und seinen **Körper** aus: Es *zappelt* und *lacht*, wenn es sein **Spiegelbild** sieht, oder schaut es intensiv an. Es wird immer **kräftiger** und lebhafter, *greift* mit den **Händen** nach Dingen und *erkundet* sie mit dem **Mund**. Es ist auch gern unterwegs, solange es in *Ihrer Nähe* ist.

Ihr Baby

kann wahrscheinlich schon:

- seinen Kopf kontrollieren
- Dinge mit dem Mund erkunden
- Farbtöne unterscheiden
- fröhlich glucksen, quietschen und jauchzen
- auch andere Personen anlächeln
- auf Ihrem Knie »stehen« und sich mit den Beinen abstoßen, während Sie es halten
- vor Aufregung oder Vorfreude zappeln
- sich in Bauchlage mit den Armen abstützen

Manche Babys können sogar:

- ein Bewusstsein für ihren Körper im Raum haben, wenn Sie in verschiedene Richtungen bewegt werden

Sport mit Baby

Besuchen Sie mit dem Baby eine Eltern-Kind-Gruppe, die im Freien Sport macht, am besten unter Anleitung eines Trainers. Normalerweise lieben Babys frische Luft und den Blick aus ihrem Kinderwagen oder Buggy, während Mama oder Papa daneben trainiert. Vielleicht gibt es auch eine Outdoor-Fitnessanlage in Ihrer Nähe. Oder Sie gehen einfach mit Ihrem Baby joggen oder spazieren. Jede Art von Bewegung tut Ihnen beiden gut und bringt Sie schnell wieder in Form.

Berührung

Körperkontakt ist einer der schönsten Wege, eine Bindung zum Baby herzustellen. Berühren Sie Augen, Nase, Mund, Hals, Brust, Unterkörper und Po Ihres Babys und benennen Sie die Körperteile, ehe Sie es herzen und küssen.

MONAT 4

Auf und ab

Gehen Sie mit dem Baby durch Haus oder Garten. Heben und senken Sie es dabei immer wieder auf und ab. Jede Bewegung hilft ihm, seine Koordination und Balance zu verbessern sowie seine Muskeln zu trainieren. Sagen Sie »Auf« und »Ab«, während Sie es beim Gehen hochheben und wieder herunterlassen.

Schlafenszeit

Führen Sie jetzt ein Zu-Bett-Geh-Ritual ein, falls Sie das nicht ohnehin schon getan haben. Guter Schlaf ist wichtig für Ihr Baby, damit es tagsüber genug Energie zum Spielen und für andere Aktivitäten hat.

Schlaf lässt sich fördern, deshalb ist ein Ritual so wichtig. Es muss immer dieselben Handlungen in der richtigen Reihenfolge beinhalten und etwa zur selben Tageszeit stattfinden: Zum Beispiel wird nach dem Füttern und Waschen noch gekuschelt und eine Geschichte vorgelesen, bevor das Baby ins Bett gebracht wird. Machen Sie das Ritual so besonders wie möglich, indem Sie das Licht dimmen und ein Lieblingsbuch Ihres Kindes auswählen. Natürlich kann auch Ihr Partner das Ritual durchführen, aber es sollte immer in derselben Reihenfolge ablaufen.

MONAT
4

Erinnerungszettel

Wenn die schlaflosen Nächte und hektischen Tage überhand nehmen, schreiben Sie sich kleine Erinnerungszettel für alles, was Sie für das Baby in nächster Zeit tun müssen, zum Beispiel die Wickeltasche auffüllen, Feuchttücher kaufen oder einen Arzttermin ausmachen. Hängen Sie sie dorthin, wo Sie sie immer im Blick haben.

Schillernde Seifenblasen

Seifenblasen faszinieren Babys und Kinder gleichermaßen und bieten stundenlangen Spielspaß. Legen Sie Ihr Kind auf den Rücken, sodass es die Seifenblasen direkt über seinem Kopf sieht. Sie können auch Seifenblasen machen, während Ihr Kind gebadet wird, und sie dann zum Platzen bringen.

Besuchen Sie einen Musik- und Bewegungskurs

Jetzt ist ein guter Zeitpunkt, die Freude, die Ihr Baby und Sie an Musik und Bewegung haben, in einem örtlichen Eltern-Kind-Kurs auszuleben, in dem Sie gemeinsam mit anderen singen und spielen können. Das gesellige Miteinander wird Ihr Baby dazu anregen, selbst Geräusche zu machen und sich zu bewegen. Kurse dieser Art werden oft in der Volkshochschule angeboten. Oder Sie informieren sich beim Kinderarzt oder in der Kirche über Kursangebote.

Hüpfendes Baby

Halten Sie Ihr Baby gut fest und setzen Sie es auf einen großen Gymnastikball (in Sportgeschäften oder online erhältlich). Lassen Sie es sanft und vorsichtig mit dem Ball auf und ab wippen. Dieses einfache Spiel kann dazu beitragen, dass Ihr Baby seinen Körper im Raum bewusster wahrnimmt. Außerdem stärkt es seine Bauchmuskeln.

MONAT
4

Abenteuer für die Sinne

Falls Sie draußen im Freien eine Wäscheleine nutzen – oder Platz haben, um zwischen zwei Bäumen ein Seil zu spannen –, hängen Sie dort ein paar weiche Hand- und Bettücher auf. Nehmen Sie das Baby auf den Arm und laufen Sie vorsichtig mit ihm durch die Wäsche. Lassen Sie zu, dass das ein oder andere Tuch über seinen Kopf hinweggleitet, sodass es plötzlich auf der anderen Seite wieder »auftaucht«. Erlauben Sie ihm, das weiche Material auf der Haut zu spüren, und sprechen Sie darüber, was Sie gerade tun, während Sie zusammen durch die Wäsche laufen.

Besuch im Aquarium

Machen Sie einen Ausflug in ein Aquarium oder besuchen Sie Bekannte, die eines zu Hause haben, um die bunten Fische zu beobachten. Ihr Baby kann sich jetzt schon kurze Zeit auf etwas konzentrieren. Es wird fasziniert sein von den fluoreszierenden Kreaturen, die vor ihm herumschwimmen. Deuten Sie auf verschiedene Fische und beschreiben Sie, was Sie sehen.

Tipps & Ideen

Ein Bild als Trost

Befestigen Sie ein großes laminiertes Foto von sich oder Ihrem Partner hinten an der Kopfstütze Ihres Autos, sodass Ihr Baby es während der Fahrt betrachten kann. Der Anblick eines vertrauten Gesichtes wirkt tröstlich und beruhigend.

Materialmix

Sobald Ihr Baby anfängt, Dinge zu greifen, geben Sie ihm verschiedene Materialien in die Hand, etwa ein weiches Quietschtier, ein festes Plastikspielzeug und eines mit einer Stoffoberfläche, die es mit Fingern und Mund untersuchen kann.

Klatschen

Lassen Sie das Baby Ihre kleinen Finger greifen und klatschen Sie ein paar Mal vor seiner Brust in die Hände. Reiben Sie vorsichtig die Handflächen ihres Babys aneinander. Dann umfassen Sie die Schultern des Kleinen und ziehen sie sanft ein bisschen zu sich, der Kopf des Babys bleibt dabei liegen.

Essen mit der ganzen Familie

Führen Sie eine Mahlzeit am Tag oder wenigstens am Wochenende ein, bei der alle gemeinsam essen. Solche Gelegenheiten sind nicht nur wichtig für die Kommunikation. Vermutlich wird Ihr Baby sich auch stark dafür interessieren, was Sie selbst essen. Lassen Sie Ihr Baby daran teilhaben, indem Sie es auf den Schoß nehmen oder in die Babywippe setzen.

Kinder-krippe

Da Ihr Baby zur Zeit noch viel schläft und keine Trennungsangst kennt, sollten Sie mit ihm jetzt eine Babybetreuung ausprobieren. Wie wäre es zum Beispiel mit der im Fitness-Center? Hier wird Ihr Kind beaufsichtigt, während Sie trainieren.

Loslassen

Hält Ihr Baby ein Spielzeug in der Hand, reichen Sie ihm ein anderes. Es wird automatisch das erste fallen lasen, um das andere zu nehmen. So lernt es, die Hand zu öffnen und etwas loszulassen.

Leckere Zehen

Streicheln Sie die Zehen des Babys, während es auf dem Rücken liegt. Ermuntern Sie es, seine Zehen zu greifen oder sie sogar in den Mund zu stecken. Loben Sie es, wenn es ihm gelingt, diese schwierige Bewegung zu koordinieren.

Kuckuck? Da!

Legen Sie sich für ein einfaches Ursache-Wirkung-Spiel ein Tuch übers Gesicht, das Ihr Baby mit Ihrer Hilfe wegzieht. Unterstützen Sie die Aktion, indem Sie »Kuckuck?« und »Daaa!« sagen.

Lustige Geräusche

Ihr Baby brabbelt und versucht, Laute nachzuahmen. Machen Sie lustige Geräusche oder schnalzen Sie mit der Zunge und fordern Sie es auf, Sie nachzumachen. Ihr Baby wird es lieben, neue Laute zu lernen.

♫ Liedersammlung

Stellen Sie eine Musiksammlung zusammen, die Sie Ihrem Baby vorspielen, wenn Sie kurz Zeit für sich brauchen. Sie können auch Playlists für verschiedene Gelegenheiten erstellen, wie zum Beispiel beruhigende Schlaflieder, wenn das Baby ins Bett gehen soll. Es wird die Lieder bald wiedererkennen und sie mit dem Gefühl der Ruhe in Verbindung bringen. Natürlich klappt das auch andersherum: Bei einer Playlist aus lustigen, munteren Liedern wird Ihr Baby vor Vergnügen herumzappeln und mit den Beinchen treten. Spielen Sie die Sammlungen oft ab, sodass das Baby sie gut kennenlernt. Der positive Nebeneffekt ist, dass Sie Ihre eigene Stimme dann ein wenig schonen können.

Und noch mal Bauchlage

Legen Sie Ihr Baby auf den Bauch auf eine weiche Unterlage. Legen Sie sich selbst bäuchlings davor, sodass sich Ihre Köpfe fast berühren und Sie beide zusammen fast eine Linie bilden. Ermuntern Sie es, seinen Kopf zu heben und sich mit den Armen abzustützen, indem Sie ein Spielzeug direkt vor es (aber ein klein wenig höher als seinen Kopf) halten, sodass es zu ihm hinaufschauen muss. Dieses Spiel trainiert die Fähigkeiten, die das Baby braucht, um später das Krabbeln zu erlernen.

Ein energiereicher Smoothie

MONAT 4

Ihr Baby braucht derzeit Ihre ganze Aufmerksamkeit und Energie. Dieser Smoothie füllt Ihre Reserven wieder auf. Er ist schnell zubereitet und lässt sich je nach Geschmack abwandeln. Die Basis bilden etwa 150 ml Naturjoghurt – alternativ Nussmilch (etwa Mandelmilch), Reis- oder Hafermilch. Dazu geben Sie ein paar Nüsse oder Samen (Sonnenblumen, Sesam oder Kürbiskerne) für die essenziellen Fettsäuren. Füllen Sie alles mit etwas Obst oder Gemüse Ihrer Wahl auf. Um das Getränk nahrhafter zu machen, können Sie noch geröstete Haferflocken sowie etwas Zitronensaft für den Geschmack zugeben. Alles im Mixer pürieren und, falls nötig, mit etwas Fruchtsaft verdünnen.

Hier ein paar gute Kombinationen: Jeweils die gleiche Menge Karotten- und Orangensaft mit frischer Mango und etwas frischem Ingwer; ein Apfel, ½ Salatgurke und eine kleine Handvoll Minzeblätter; oder ½ Avocado, eine kleine Handvoll Brunnenkresse, ein paar Minzeblätter und 100 ml Apfelsaft.

MONAT
4

Welche Art von Familie wollen wir sein?

Vier Monate ist ein gutes Alter, um darüber nachzudenken, welche Art von Eltern Sie sein möchten. Bevorzugen Sie zum Beispiel strenge Routinen oder nehmen Sie den Tag so, wie er kommt? Halten Sie Rückschau auf die ersten Lebensmonate Ihres Babys und überlegen Sie sich, was gut funktioniert hat und was weniger erfolgreich war. Vielleicht haben Sie und Ihr Partner unterschiedliche Vorstellungen von Erziehung und Elternschaft. Gerade dann es ist wichtig, sich auf bestimmte Prioritäten zu einigen. Soll Ihr Baby immer zur selben Zeit ins Bett oder darf es zum Gute-Nacht-Sagen aufbleiben, wenn ein Elternteil später nach Hause kommt als geplant? Soll es ausschließlich in seinem eigenen Bettchen schlafen oder darf es auch ins Elternbett? Schreiben Sie beide auf, was Ihnen wichtig ist, und diskutieren Sie gemeinsam Ihre Wünsche und Ziele.

Ein Besuch im Museum

Nutzen Sie die Zeit, solange Ihr Baby noch friedlich im Kinderwagen bleibt, um Orte zu besuchen, die Ihnen Spaß machen – etwa eine Kunstgalerie oder ein Museum. Natürlich könnte das genauso gut der örtliche Baumarkt oder das Gartencenter sein, oder aber eine Sportveranstaltung oder ein Flohmarkt. Solange das Baby Sie in seiner Nähe weiß, wird ihm jeder Ort recht sein.

Hopp, hopp, hopp zu Pferde

Verse und Reime sind bei Babys besonders beliebt und unterstützen zudem den Spracherwerb. Wenn Sie mit angezogenen Knien auf dem Boden sitzen, kann das Baby auf Ihren Oberschenkeln liegen.

Hopp, hopp, hopp zu Pferde,
wir reiten um die Erde.
Die Sonne reitet hinterdrein,
wie wird sie abends müde sein.
Hopp, hopp, hopp!

MONAT 4

Plitsch Platsch

Wenn Ihr Baby in die große Familienbadewanne darf, sollten Sie ihm etwas Wasserspielzeug – zum Beispiel Badeentchen – mit hineingeben. Halten Sie Ihr Baby gut fest und unterstützen Sie Kopf und Nacken. So kann es sicher nach Herzenslust umherspritzen und mit den Beinchen nach dem Spielzeug treten.

Familien-Traditionen

Denken Sie darüber nach, welche Familientraditionen Sie etablieren möchten. Egal, ob Sie einen alten Brauch Ihrer eigenen Familie übernehmen oder einen neuen begründen wollen: Die Traditionen können viele Jahre lang eine Grundlage für Ihr Familienleben bilden. Zum Beispiel …

MONAT 4

Spaziergänge

Festtagsbräuche

Familientreffen

Spielplatzbesuche

MONAT
4

Kuscheln am Sonntag

Familienspiele

Entdeckungsreise

Halten Sie Ausschau nach bunten Alltagsobjekten im Haus, etwa nach einem großen Wollknäuel, einer farbige Haarbürste oder anderen Gegenstände mit knalligen Mustern. Halten Sie die Gegenstände etwa 30 cm vor das Gesicht Ihres Babys und erklären Sie ihm, welche Funktionen sie haben. Lassen Sie es alle Objekte in Ruhe betrachten.

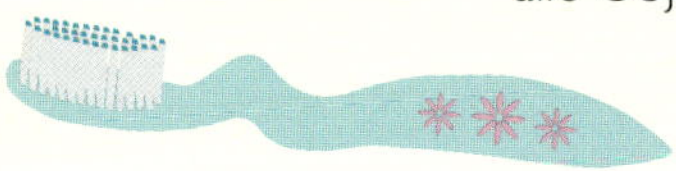

MONAT
4

Emsige Biene

Nehmen Sie Ihr Baby auf den Arm, bewegen Sie Ihren Finger durch die Luft und machen Sie dazu ein Summgeräusch. Lassen Sie die »Biene« auf der Haut des Babys landen. Nehmen Sie dann den Finger des Babys und bewegen ihn durch die Luft. Vergessen Sie das Summgeräusch nicht. Ihr Baby wird vor Freude quietschen, wenn Sie seinen Finger auf Ihrer Wange landen lassen.

Lieder zum Mitklatschen

Selbst in die Hände zu klatschen ist für Ihr Baby noch eine zu schwierige Bewegung. Doch es wird ihm bestimmt gefallen, wenn Sie im Rhythmus zu diesem Lied in die Hände klatschen:

Backe, backe Kuchen,
Der Bäcker hat gerufen.
Wer will guten Kuchen backen,
der muss haben sieben Sachen:
Eier und Schmalz,
Butter und Salz,
Milch und Mehl,
Safran macht den Kuchen gehl.
Schieb, schieb in'n Ofen 'nein.

Neue Gerüche

Ihr Baby kann immer besser verschiedene Gerüche unterscheiden. Beobachten Sie, wie es auf einzelne Düfte reagiert, die Sie ihm präsentieren. Gut geeignet sind eine Vanilleschote, eine ganze Muskatnuss, ein Gefäß mit Gewürznelken, Rosmarin- und Lavendelzweige sowie wohlriechende Blumen.

Ihr Baby mit …
4–5 Monaten

Alles, was Sie mit dem Baby machen, hilft ihm, mehr über seine Welt zu **erfahren**. Es beginnt *Ursache* und *Wirkung* zu begreifen, wenn es eine **Rassel** schüttelt und diese ein **Geräusch** macht. Es *freut sich* auf die **Überraschung** beim Kuckuck-Spiel. Es hört und schaut Ihnen begeistert zu, wenn Sie ihm *Kinderlieder* und *Reime* vortragen. Inzwischen betrachtet es gerne etwas kompliziertere **Muster** und *hört* genau hin, welche **Laute** Sie machen, wenn Sie mit ihm reden.

Ihr Baby

kann wahrscheinlich schon:

- das Prinzip von Ursache und Wirkung erkennen, wenn seine Handlungen etwas bewirken
- im Voraus wissen, was bei bekannten Kinderliedern und -reimen als Nächstes passiert

- mehr Wiederholungslaute produzieren
- gelegentlich zufällig vom Bauch auf den Rücken rollen, wenn es nach etwas greift
- sich mit den Armen hochdrücken

Manche Babys können sogar:

- auf dem Bauch vor- und zurückschaukeln

Die Kunst des Vorhersehens

Ihr Baby ist nun genau im richtigen Alter für interaktive Lieder. Die sich ständig wiederholenden Wörter und Reime fördern seine Sprachentwicklung und es wird sich schon im Voraus auf die Bewegungen freuen, die Sie während des Singens mit ihm ausführen. Es lernt dadurch auch Arme und Beine besser einzusetzen und trainiert seine motorischen Fähigkeiten.

Hoppe Reiter

Setzen Sie das Baby mit dem Gesicht zu Ihnen auf den Schoß. Halten Sie es unter den Achseln fest und lassen Sie es sanft auf Ihren Knien hopsen. Wenn der Reiter »plumps« macht, lehnen Sie es vorsichtig ein klein wenig zurück – natürlich ohne es dabei loszulassen.

Hoppe, hoppe Reiter,
wenn er fällt, dann schreit er.
Fällt er in den Graben, fressen ihn die Raben.
Fällt er in den Sumpf,
macht der Reiter plumps!

Kommt ein Vogel geflogen

Legen Sie sich mit angezogenen Knien auf den Boden und setzen Sie das Baby auf Ihren Bauch, oder setzen Sie sich auf einen Stuhl mit Rückenlehne und das Baby auf Ihren Schoß. Halten Sie es mit beiden Händen fest und lassen Sie es wie einen kleinen Vogel auf und ab fliegen.

Kommt ein Vogel geflogen,
Setzt sich nieder auf mein' Fuß.
Hat ein' Zettel im Schnabel,
Von der Mutter einen Gruß.

Lieber Vogel, fliege weiter!
Nimm ein' Gruß mit und ein' Kuss,
Denn ich kann dich nicht begleiten,
Weil ich hier bleiben muss.

Die lustige Schneckenpost

Das Baby sitzt mit dem Rücken gegen Ihre angezogenen Knie gelehnt auf Ihrem Schoß. In dieser Position können Sie es auf der lustigen Fahrt mit der Schneckenpost gut festhalten.

Ri-ra-rutsch,
Wir fahren mit der Kutsch,
Wir fahren mit der Schneckenpost,
Wo es keinen Pfennig kost',
Ri-ra-rutsch,
Wir fahren mit der Kutsch.

Fußabdrücke

Ein dreidimensionaler Fuß- oder Handabdruck wird Sie immer an die ersten Lebensmonate Ihres Babys erinnern. Besorgen Sie sich ein entsprechendes Bastelset oder kaufen Sie lufttrocknenden Ton oder Modelliermasse. Gelingt der perfekte Abdruck nicht gleich beim ersten Mal, rollen Sie das Material einfach noch einmal aus und versuchen es erneut.

MONAT 5

1 Rollen Sie die Masse etwa 5 mm dick aus. Mithilfe einer umgedrehten Schüssel und eines Messers schneiden Sie einen Kreis aus.

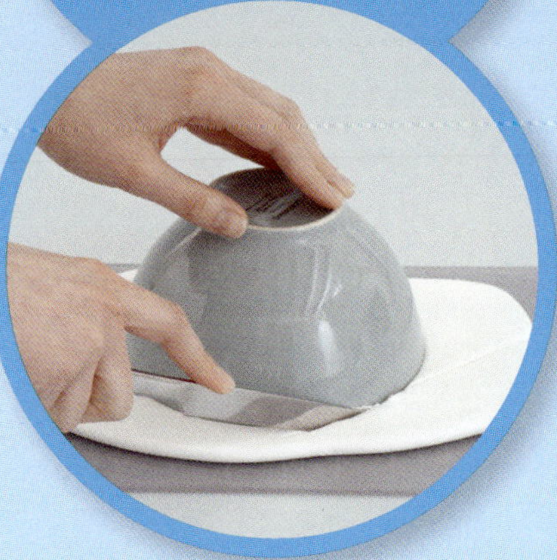

2 Legen Sie den Kreis auf einen Teller. Halten Sie das Baby darüber und drücken Sie seine Füße nacheinander in die Masse. Achten Sie darauf, dass alle Zehen sichtbar sind.

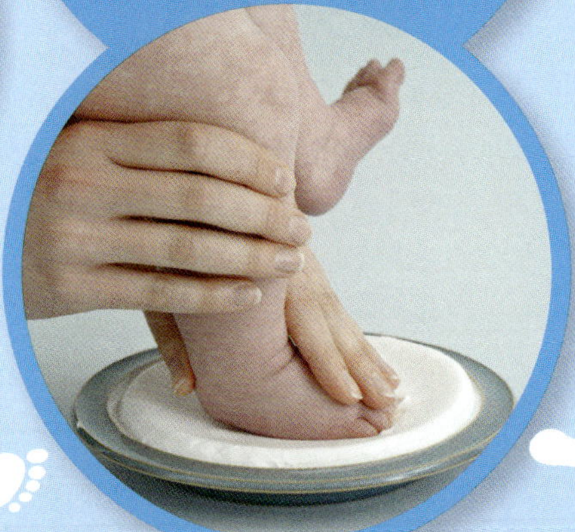

3 Bohren Sie mit einem Strohhalm zwei Löcher in den oberen Teil des Kreises. Lassen Sie die Masse trocknen und ziehen Sie ein schönes Band durch die beiden Löcher.

Geselligkeit

In diesem Alter hat Ihr Baby fast genausoviel Spaß daran Ihre Freunde zu treffen, wie Sie es haben. Treffen Sie sich deshalb so oft es geht tagsüber mit Ihren Freundinnen und nehmen Sie Ihr Baby ruhig mit. Verabreden Sie sich mit Freunden aus dem Büro zur Mittagspause oder mit alten Freunden zu einem Wochenendausflug. Nutzen Sie die Zeit für abwechslungsreiche gemeinsame Reisen mit Bus oder Bahn. Je mehr Aufmerksamkeit Ihr Baby dabei aus Ihrem Freundeskreis erhält, desto besser!

Playback

Ihr Baby nutzt Stimme, Bewegungen und Mimik, um sich verständlich zu machen. Es ist wichtig, dass Sie die Laute, die es produziert, wiederholen. Dadurch ermuntern Sie es zuzuhören und weitere Laute zu bilden. So kann es mit seiner Stimme experimentieren. Sie könnten sein Gebrabbel auch aufnehmen. Vielleicht bringen Sie es sogar dazu, laut zu lachen, etwa indem Sie es kitzeln. Spielen Sie ihm dann die Aufnahme mehrmals vor und sagen Sie ihm, dass es sich selbst hört.

Raschelpapier

Das Baby wird mit den Händen immer geschickter und hat Spaß daran, ungewöhnliche Dinge zu erkunden – vor allem, wenn sie auch noch Geräusche machen! Zerknüllen Sie zum Beispiel ein großes Stück Backpapier und geben Sie es ihm in die Hände. Es wird fasziniert sein, wie das Papier knistert und raschelt, sobald es seine Finger hineinkrallt.

Draußen in der Natur

Egal, ob Garten, Wald oder Park: Draußen im Grünen gibt es viel zu riechen, zu sehen und zu hören. Erzählen Sie Ihrem Baby, was Sie sehen und hören. Betrachten Sie gemeinsam eine Schnecke oder einen Schmetterling, berühren Sie die zarten Blätter einer Blüte und die Rinde eines rauen Baumstamms und riechen Sie den Duft von Nadelbäumen oder frisch gemähtem Gras.

Enten füttern

Machen Sie einen Ausflug zum nächstgelegenen See oder Fluss und füttern Sie dort die Enten. Das Baby ist zwar noch zu klein, das selbst zu tun – aber es kann sich jetzt schon etwas länger konzentrieren und die Enten beobachten. Sicher wird es auch an deren lautem Geschnatter Spaß haben. Vielleicht haben Sie ja sogar Lust, Ihrem Kind beim Füttern das kleine Lied von den Entchen vorzusingen:

Alle meine Entchen
Schwimmen auf dem See,
Schwimmen auf dem See,
Köpfchen in das Wasser,
Schwänzchen in die Höh'.

Ein erweitertes Familienalbum

Mit etwa fünf Monaten interessiert sich Ihr Baby immer mehr für soziale Kontakte und lässt sich gern von fremden Personen unterhalten, solange Sie in der Nähe bleiben. Sie können ihm dabei helfen mit anderen Gesichtern vertraut zu werden, indem Sie Fotos von Personen, die es regelmäßiger sieht, vergrößern und zusammen mit Fotos vom Baby in ein großes Fotobuch kleben. Betrachten Sie die Fotos so oft es geht gemeinsam und sprechen Sie darüber, wer die Personen sind.

Tipps & Ideen

Im Wechsel

Wenn Ihr Baby übermüdet oder überreizt ist, kann seine Laune innerhalb von Sekunden von quietschvergnügt zu verdrießlich und weinerlich umschlagen. Sie sollten darauf entsprechend reagieren und dafür sorgen, dass etwas Ruhe einkehrt. Leise Musik und das gemeinsame Betrachten eines Bilderbuchs oder einfach nur gemütliches Aneinanderkuscheln wird Ihr Baby schnell beruhigen.

Leuchtendes Spielzeug

Ihr Baby kann seine Hände immer besser einsetzen und wird begierig nach allem fassen, was sich in seiner Nähe befindet. Besonders geeignet sind daher Spielsachen, die sich leicht greifen lassen. Wenn sie obendrein noch aufleuchten, umso besser. Vielleicht können Sie eines kaufen, leihen oder eintauschen, das blinkt oder andere Lichteffekte aufweist. Ihr Baby wird davon sicher angetan sein!

Drück mich

Für eine kleine Lektion, wie man Zuneigung schenkt und empfängt, ist es nie zu früh. Das beste Vorbild dafür sind Sie, wenn Sie Ihr Baby oft küssen und herzen. Doch dieses Mal sagen Sie »Drück mich!« und warten ab, ob es versucht, Sie zu umarmen. Sollte Ihr Baby nicht so wild auf Körperkontakt sein, zeigen Sie ihm Zuneigung auf eine Art, auf die es reagieren kann.

Fröhliche Runde

Da es dem Baby jetzt so viel Spaß macht neue Bekanntschaften zu schließen, sollten Sie öfter einmal Freunde und Verwandte zum Kaffee ein laden. Bitten Sie die Anwesenden in fröhlicher Runde gemeinsam das Lieblingslied Ihres Kindes zu singen, sodass es die vertrauten Worte auch von jemand anderem hört.

Fußball-spiel

Beobachten Sie mit dem Baby eine Weile ein Fußballspiel im Park oder auf einem nahegelegenen Sportplatz. Nehmen Sie das Kind auf den Arm und deuten Sie immer wieder auf den Ball, damit es die Bewegung mitverfolgen kann. Erzählen Sie dazu etwas über das Spiel.

Windel-frei

Gönnen Sie Ihrem Baby regelmäßig die Freiheit sich ohne Windel zu bewegen. Das erleichtert die koordinative Entwicklung, etwa wenn es die Zehen in den Mund stecken kann. Außerdem tut frische Luft der Haut gut. Achten Sie darauf, dass das Zimmer warm ist, und legen Sie Ihr Kind auf eine waschbare Unterlage.

Was kommt jetzt?

Ihr Baby fängt an vorauszusehen, was als Nächstes passieren wird. Erklären Sie ihm, bevor Sie etwas tun, was gleich geschehen wird. Sagen Sie zum Beispiel »Ich hebe dich jetzt hoch«, bevor Sie die Arme nach ihm ausstrecken.

Naturtalent

Sie sind die bevorzugte Spielgefährtin Ihres Babys und es möchte Ihnen alles nachmachen. Sprechen Sie deshalb auch während der Hausarbeit mit ihm. Lassen Sie ihm Zeit zu reagieren. Geben Sie ihm ein sauberes Tuch in die Hand, sodass es Sie imitieren kann, während Sie den Tisch abwischen. Erzählen Sie ihm, was Sie gerade tun. Vielleicht antwortet es Ihnen mit Babygebrabbel.

Wer ist das?

In wenigen Monaten wird Ihr Baby seinen Namen wiedererkennen. Sie können jetzt schon damit anfangen, es oft mit Namen anzusprechen. Es wird bald merken, wer damit gemeint ist.

MONAT
5

Wo ist der Teddy?

Legen Sie einen Teddy oder ein Lieblingsspielzeug in einer Papiertüte in eine kleine Schachtel. Die Schachtel kommt in eine Papiertragetasche. Fragen Sie Ihr Baby, wo der Teddy ist, während Sie ihn langsam aus den Verpackungen befreien. Lassen Sie es den Teddy nehmen, sobald Sie ihn aus der Papiertüte geholt haben.

Klatschen

Bringen Sie dem Baby bei, wie man in die Hände klatscht. Singen Sie ihm ein Liedchen wie »Wenn du glücklich bist, dann klatsche in die Hand« vor. Legen Sie dabei Ihre Hände über seine und führen Sie sie zusammen. So helfen Sie ihm, seine Grob- und Feinmotorik sowie sein Rhythmusgefühl zu schulen.

Babys Familienstammbaum

Basteln Sie einen Familienstammbaum für Ihr Baby, den Sie gemeinsam betrachten können. Malen Sie dazu einen großen, bunten Baum, in dessen Krone Sie Fotos von Familienmitgliedern kleben. Hängen Sie den Stammbaum im Kinderzimmer oder in der Küche auf und stellen Sie sich immer wieder mit dem Baby auf dem Arm davor. So stärken Sie seine Bindung zu Großeltern, Tanten, Onkeln, Cousins und Geschwistern.

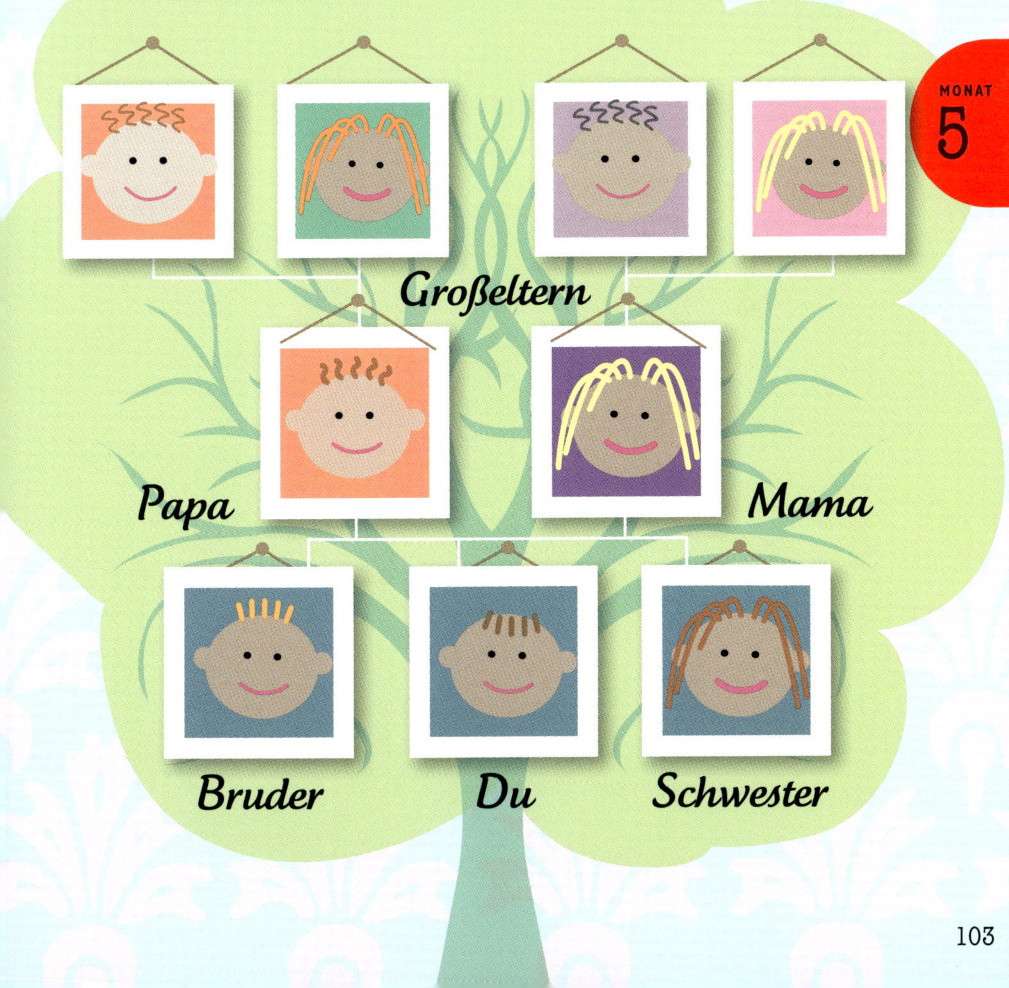

»Innen« und »außen«

Auch wenn dies erst etwas später ein richtiges Lieblingsspiel Ihres Babys wird: Es ist eine gute Idee, ihm jetzt schon das Konzept von »innen« und »außen« vorzustellen. Setzen Sie sich beide mit einem Korb voll Stofftiere auf den Boden. Ziehen Sie jedes Stofftier heraus und sagen Sie »außen«. Legen Sie es zurück und sagen Sie »innen«. Lassen Sie es dabei jedes Stofftier genau untersuchen.

Das Versteckspiel in neuer Dimension

Außer, dass Sie weiterhin beim Kuckuck-Spiel Ihr Gesicht mit einem Tuch bedecken, können Sie jetzt auch für ein bis zwei Sekunden Ihr Baby unter dem Tuch verstecken. Heben Sie das Tuch dann hoch und übertreiben Sie mit Ihrer überraschten Reaktion. Sie können dasselbe Spiel auch mit dem Lieblingsspielzeug oder mit einem größeren Teddy spielen. Verstecken Sie ihn teilweise unter dem Tuch und deuten Sie dann überrascht auf den Teil, der hervorlugt. Sagen Sie »Da ist der Teddy!« Ihr Baby wird von diesem Spiel garantiert nicht genug bekommen.

Rollenspiel

Das Baby kann seinen Kopf inzwischen schon gut kontrollieren. Auch seine Armmuskeln werden immer stärker und es fängt an, die Bewegungen zu üben, mit denen es sich bald herumrollen wird. Platzieren Sie ein Spielzeug etwas seitlich vor ihm, während es auf dem Bauch liegt. Wenn es sich danach streckt, rollt es vielleicht zufällig herum. Loben Sie es dann ausgiebig, denn es wird wahrscheinlich etwas erschrocken sein, plötzlich auf dem Rücken zu liegen. Bringen Sie es zurück in die Bauchlage und warten Sie ab, ob es die Rolle noch einmal probieren möchte.

Größere Bilderbücher

Da sich das Baby nun immer besser konzentrieren kann, sollten Sie ihm größere Bücher mit detaillierteren Bildern beschaffen. Damit sorgen Sie in der gemeinsamen »Lesestunde« für neue Anregungen.

Das Namenspiel

Wenn Sie jetzt damit beginnen, alles zu benennen, was Sie dem Baby zeigen, helfen Sie ihm, Verbindungen zwischen Dingen und deren Namen herzustellen. Selbst wenn Sie nur alltägliche Objekte wie einen Löffel oder die Sonne benennen, fördern Sie die Sprachentwicklung Ihres Babys, denn es wird dabei genau auf die Form Ihres Mundes, Ihren Gesichtsausdruck und den Klang des Wortes achten.

MONAT 5

Legen Sie drei bekannte Dinge vor das Baby hin. Fragen Sie es »Wo ist die Rassel?«, dann reichen Sie sie ihm. Sagen Sie dabei »Hier ist die Rassel«. Wiederholen Sie das Ganze auch mit den anderen Gegenständen. Kombinieren Sie die Dinge, die Sie ihm zeigen, jedes Mal neu.

Farben benennen

Das Baby sieht immer besser, sodass Sie mit ihm jetzt »Farben benennen« spielen können. Bauen Sie Türme aus drei farbigen Klötzen und nennen Sie dabei die Farbe der Klötze. Danach darf es den Turm umstoßen, wenn es mag.

Ortswechsel

Ein kleiner Ortswechsel kann die Stimmung verbessern oder einen langen Tag auflockern. Machen Sie gemeinsam einen kurzen Spaziergang unter einem Regenschirm. Oder beobachten Sie die Passanten auf der Straße und winken Sie bekannten Gesichtern zu. Ein kurzer Einkauf beim Händler an der Ecke verleiht der Spritztour ein Ziel.

Gemeinsam chillen

Lassen Sie jeden Tag eine kleine Weile Klassik oder Instrumentalmusik spielen. Wählen Sie ruhigen Slow Jazz oder Stücke mit Klavier oder Flöte. Probieren Sie auch meditative keltische oder indianische Klänge. Machen Sie diese Momente zu einem täglichen Ritual, vielleicht nach dem Füttern des Babys, und gönnen Sie sich beide damit eine kleine Ruhepause. Genießen Sie beide einfach nur die Nähe des anderen und lauschen Sie zusammen der Musik.

Nasenstups

Nehmen Sie das Baby auf den Arm. Flüstern Sie »Buh!« und bewegen Sie den Kopf auf es zu. Sagen Sie leise »Buh!« und bringen Sie den Kopf noch näher heran. Sagen Sie etwas lauter »Buh!« (nicht schreien!) und stupsen Sie es sanft mit der Nase an. Es wird ihm gefallen, Ihr Gesicht so nahe zu sehen und es wird Spaß an dem lustigen Ton Ihrer Stimme haben.

Ihr Baby mit …

5–6 Monaten

Das Gehirn Ihres Babys *entwickelt* sich so schnell wie nie und es wird sich seiner Welt immer **bewusster**. Seine *Sprachfähigkeit* verbessert sich, wenn Sie Augenkontakt mit ihm halten, auf Dinge **deuten,** sie **beschreiben** und alles möglichst oft **wiederholen**. Es fängt auch an mit *Vokalen* zu **experimentieren**. Seine *Muskelkraft* steigert sich und es bereitet sich vielleicht schon darauf vor, *frei zu sitzen*.

Ihr Baby

kann wahrscheinlich schon:

- vom Bauch auf den Rücken rollen
- nach Spielzeug greifen
- sich kurze Zeit konzentrieren
- die Arme ausstrecken, wenn es hochgehoben werden will
- Zuneigung schenken und empfangen
- Grundlaute wie »baba« und »gaga« produzieren

Manche Babys können sogar:

- Vokale und Konsonanten kombinieren, etwa zu »aaguu«

Spaß im Bad

Sobald Ihr Kind von der Babybadewanne auf die normale Wanne umgestiegen ist, kann Baden der Höhepunkt des Tages werden, denn Ihr Baby hat jetzt viel mehr Freiheit, im Wasser zu planschen und Dinge auszuprobieren.

Sie müssen kein extra Wasserspielzeug kaufen: Jedes Plastikspielzeug ohne Batterien ist geeignet. Kitzeln Sie Ihr Kind auch einmal mit einem Schwamm oder einer Frottee-Handpuppe an den Zehen, den Knien und am Bauch. Singen Sie ihm sein Lieblingslied vor und plätschern Sie dabei vorsichtig im Wasser. Lassen Sie Ihr Kind aber keine Sekunde unbeaufsichtigt, solange es sich im oder in der Nähe von Wasser befindet!

Falls Ihrem Baby die große Wanne Angst macht, sollten Sie das Baden so lustig und enstpannt wie möglich gestalten – oder am besten gleich zu ihm in die Wanne klettern.

Blubber-blasen

Geben Sie etwas Badezusatz für empfindliche Babyhaut ins laufende Wasser, sodass Schaum entsteht. Vielleicht gelingt es Ihnen ja, ein oder zwei Seifenblasen zum Bauch des Babys zu blasen. Verstecken Sie ein Badetier im Schaum und suchen Sie es gemeinsam. Mit einem großen Seifenblasenstab lassen sich auch entsprechend große Seifenblasen produzieren, die auf Finger und Nase zerplatzen.

MONAT 6

Spritz-wasser

Mit einem Sieb oder Trichter sowie einer leeren Spülmittelflasche kann man in der Wanne jede Menge Spaß haben. Füllen Sie die Flasche halb voll und lassen Sie das Wasser in die Wanne spritzen. Oder gießen Sie Wasser durch Trichter oder Sieb auf die Füße des Babys. Es wird vor Begeisterung quietschen.

Szenen-
wechsel

Dem Baby wird es gefallen, wenn sich die Dekoration in seinem Zimmer ab und zu verändert. Vor allem, wenn es nachts jetzt dauerhaft darin schlafen soll. Wie wäre es mit bunten Wimpelbändern, die Wände und Fenster zieren (aber nie für das Baby erreichbar sein dürfen)?

1

Zeichnen Sie einen Wimpel auf Pauspapier und schneiden Sie ihn aus. Heften Sie ihn auf bunten Stoff und schneiden Sie zwei Wimpelformen aus.

2

Heften Sie beide Stoffteile mit den linken Seiten aufeinander. Wiederholen Sie Schritt 1 und 2, bis Sie genug Wimpel haben.

3

Nähen Sie die Wimpelhälften an den langen Seiten zusammen. Dann nähen Sie die schmale Seite zu. Verschönern Sie die Ränder mit der Zickzackschere.

4

Nun heften Sie die Wimpel mit etwa 5 cm Abstand in ein in der Hälfte gefaltetes Schrägband und nähen sie dort fest.

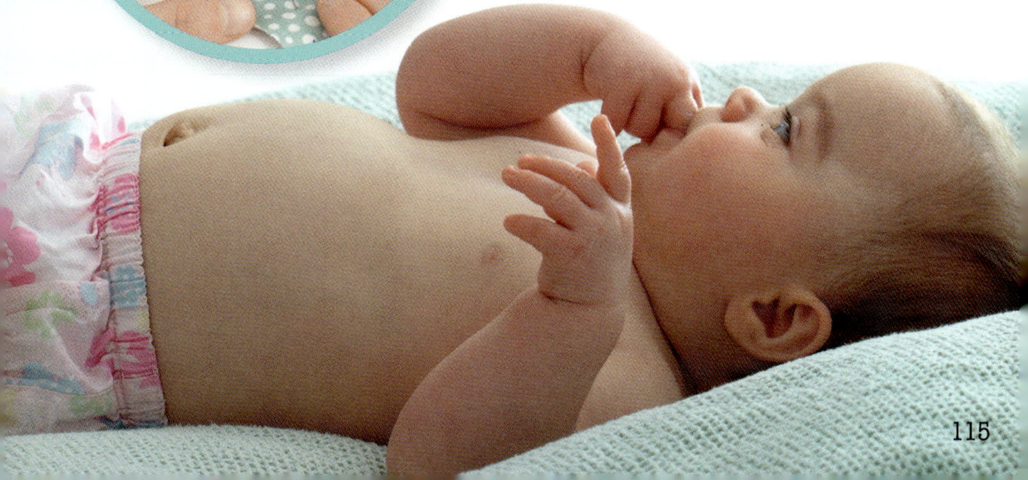

Besuch im Zoo

Ihr Baby ist neugierig auf seine Umwelt und offen für neue Erfahrungen. Gehen Sie mit ihm in den Zoo und ahmen Sie die Laute der Tiere nach, die Sie dort sehen. Betrachten Sie daheim ein Tierbuch und wiederholen Sie die Laute oder singen Sie »Unser kleiner Bär im Zoo«, während Sie und das Baby mit Tierfiguren spielen.

Schwimmen gehen

Für den ersten Besuch im Schwimmbad mit dem Baby sollten Sie einen Tag wählen, an dem dort nicht allzu viel los ist. Sie können sich auch bei einem Babyschwimmkurs anmelden. Das Wasser sollte mindestens 30 °C warm sein. Das vergnügte Planschen in Ihren Armen trainiert die gesamte Muskulatur Ihres Babys und hilft ihm, überschüssige Energie abzubauen.

Apfelfinger

Setzen Sie einen Klecks ungesüßtes Apfelmus auf jeden Finger des Babys und lassen Sie es alles ablecken. Zählen Sie jeden Finger mit, während es daran nuckelt.

Blasenflasche

Füllen Sie eine kleine Plastikflasche halb mit Wasser. Geben Sie etwas Spülmittel und Lebensmittelfarbe dazu. Schütteln Sie die Flasche und geben Sie sie dann dem Baby, damit es die vielen bunten Seifenblasen betrachten kann. Sie können die Flasche auch über den Boden rollen, bis Blasen entstehen, oder sie als Badespielzeug verwenden.

SPIELZEUG TAUSCHEN

Treffen Sie sich regelmäßig mit anderen Eltern zum Spielzeugtausch, damit Ihre Kinder neue Anregungen erhalten. Alternativ können Sie auch nach einem Babyflohmarkt Ausschau halten, der in Ihrer Nähe stattfindet. Dort können Sie günstig gebrauchte Spielsachen erwerben.

Beckenheben mit Baby

Falls es immer schwieriger wird, in Ruhe Sport zu machen, weil Ihr Baby immer aktiver wird, probieren Sie mal diese Übung. Das Auf und Ab wird ihm Spaß machen, während Sie dabei Bauch- und Beinmuskeln trainieren und Ihren Rücken stärken.

MONAT 6

1

Legen Sie sich auf den Rücken, die Knie sind angezogen, die Füße stehen fest auf dem Boden. Setzen Sie sich das Baby auf den Bauch, sodass es an Ihren Oberschenkeln lehnt, und halten Sie es fest. Beim Ausatmen das Becken vom Boden heben, die Position kurz halten, einatmen und absenken. 10-mal wiederholen.

2

Fortgeschrittene atmen ein und heben das Becken so hoch, dass Oberkörper und Oberschenkel eine gerade Linie bilden. Kurz halten, dann ausatmen und das Becken wieder auf den Boden absenken. Wiederholen Sie die Übung, so oft Sie können, und sprechen Sie dabei mit Ihrem Baby.

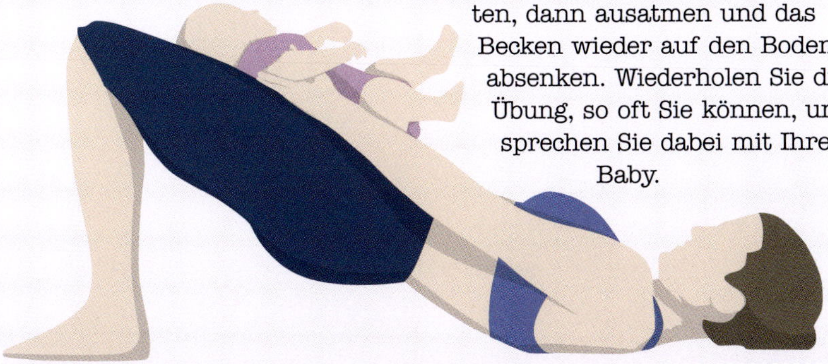

Tipps & Ideen

Eins zu viel

Legen Sie drei kleine Spielsachen vor das Baby hin. Geben Sie ihm eines davon in die eine Hand, ein anderes in die andere Hand. Dann bieten Sie ihm das dritte Spielzeug an, sodass es sich entscheiden muss, welches es loslassen möchte, um nach dem dritten zu greifen.

Geschenk zum Mutter- oder Vatertag

Machen Sie Ihrem Partner oder Ihrer Partnerin ein spezielles Geschenk. Nehmen Sie das Brabbeln oder Lachen des Babys als Klingelton auf oder lassen Sie ein Familienfoto auf eine Tasse oder eine Stofftasche drucken. Eine selbst gebastelte Karte mit dem Foto des Babys darauf kommt sicher auch gut an!

Lektüre

Kopieren Sie ein Foto Ihres Babys auf ein Blatt Papier. Schneiden Sie aus Zeitschriften Abbildungen von Bekanntem aus – ein Auto, andere Babys, Spielzeug – und kleben Sie sie mit Fotoecken rund ums Babyfoto fest. Betrachten Sie sie täglich mit dem Baby und tauschen Sie sie häufig aus.

Spielverabredung daheim

Ist Ihr Baby eher schüchtern und mag keine großen Krabbelgruppen, laden Sie ein Kind und dessen Eltern zu sich ein, sodass Ihr Baby sich in aller Ruhe mit dem anderen Kind bekannt machen kann. Setzen Sie die beiden mit Spielzeug auf den Boden. Sie werden vergnügt nebeneinander spielen.

Die Räder vom Bus

Singen Sie Ihrem Baby das Lied »Die Räder am Bus« vor und machen Sie eine gemeinsame Busfahrt. Singen Sie das Lied auch im Bus oder flüstern Sie es ihm ins Ohr, wenn es keiner hören soll.

Mitmach-Lied

Setzen Sie sich Ihrem Baby gegenüber. Klatschen Sie in die Hände, stampfen Sie mit den Füßen, klopfen Sie sich auf den Kopf. Wenn das Baby versucht, Sie nachzuahmen, können Sie ihm dabei etwas Hilfestellung geben.

Ja & Nein

Machen Sie das Baby mit Ja und Nein vertraut. Will es kuscheln, lächeln Sie und sagen »Ja«. Macht es etwas Unerwünschtes, runzeln Sie die Stirn und sagen »Nein«.

Bechermännchen

Unterhalten Sie Ihr Baby mit einem kleinen »Bechermännchen«. Stoßen Sie mit einem Stift ein Loch in den Boden eines Kunststoffbechers und schieben Sie einen Strohhalm hindurch, auf den Sie eine Fingerpuppe setzen. Bewegen Sie den Strohhalm auf und ab, sodass die Puppe tanzt.

Spiel mit **Topf & Pfanne**

Sobald Ihr Baby frei sitzen kann, lassen Sie es mit einem Löffel auf umgedrehten Töpfen, Pfannen und Schüsseln »Musik« machen. Zeigen Sie ihm, wie man damit Geräusche erzeugt, und lassen Sie es dann selbst probieren.

Wurfspiel

Lassen Sie Ihr Baby dabei zuschauen, wie Sie kleine, weiche Spielsachen in einen Plastikeimer werfen. Sagen Sie »hoppla«, wenn ein Teil im Eimer landet. Bitten Sie Ihr Baby danach in den Eimer zu greifen und das Spielzeug wieder herauszuholen.

Wer ist das Baby?

Hängen Sie einen unzerbrechlichen Spiegel so auf, dass sich das Baby darin betrachten kann, oder setzen Sie es sich auf den Schoß und halten Sie ihm einen Spiegel vor. Deuten Sie im Spiegel auf die verschiedenen Teile seines Gesichts und nennen Sie sie beim Namen. Es wird fasziniert sein, ohne zu bemerken, dass es sein eigenes Gesicht sieht.

Gummiband-Spielzeug

Die Hand-Augen-Koordination des Babys wird trainiert, indem das Baby versucht bewegliche Objekte zu erhaschen. Binden Sie ein leichtes, weiches Spielzeug an ein Gummiband und lassen Sie es vor ihm auf und ab hüpfen. Machen Sie dazu lustige Geräusche, um sein Interesse zu wecken. Es wird die Bewegung mit den Augen verfolgen und dann versuchen, das Spielzeug mit den Händen festzuhalten.

Teigmatsch

Vermengen Sie 2 Tassen Mehl mit etwa 1 Tasse Wasser und ein paar Tropfen natürlicher Lebensmittelfarbe zu einem glibberigen Teig, mit dem Ihr Baby nach Herzenslust herummatschen darf. Binden Sie ihm dazu ein Lätzchen um und setzen Sie es in seinen Hochstuhl. Legen Sie den Teig auf ein Plastiktablett, sodass es ihn mit den Händen verteilen kann. Geben Sie dem Baby mit einem Löffel Teig auf die Hände, damit es erlebt, wie die Masse durch seine Finger läuft.

Schattenspiel

Richten Sie im abgedunkelten Zimmer eine Stehlampe gegen die Wand. Formen Sie mit den Händen Schattenfiguren und erzählen Sie dem Baby dabei eine Geschichte.

Vorhang auf!

Vielleicht bietet ein Kino in Ihrer Nähe werktags Filmvorführungen für Eltern mit Babys an. Vielleicht sitzt Ihr Kind friedlich auf Ihrem Schoß oder schläft sogar ein, während Sie den Film anschauen. Oder Sie besuchen mit ihm ein Puppentheater für Kleinkinder. So kann es im Publikum sitzen und erlebt seine erste Live-Vorstellung.

Alles mit dem Mund

Ihr Baby steckt alles in den Mund, was es erwischt. Legen Sie einen gefrorenen Beißring und andere sichere Dinge, etwa einen Holzlöffel, einen Teigspatel, eine geschälte Banane und ein paar Spielsachen in eine Schüssel und lassen Sie sie von Ihrem Baby in aller Ruhe mit dem Mund erkunden. Nennen Sie jedes Teil beim Namen und beobachten Sie, mit welchem Gesichtsausdruck Ihr Kind reagiert, wenn es die Sachen in den Mund nimmt.

Baby-massage

Ihr Baby hat das perfekte Alter für eine sanfte Massage an Kopf, Bauch und Gliedmaßen. Sie könnte sogar Teil des Zu-Bett-Geh-Rituals werden, denn sie sorgt nicht nur dafür, dass sich das Baby entspannt und beruhigt, sie stärkt auch die Bindung zwischen Ihnen und Ihrem Kind. Benutzen Sie dazu am besten ein pflanzliches Speiseöl wie zum Beispiel Olivenöl (S. 22). Während Sie Ihr Baby mit ruhigen Bewegungen massieren, können Sie ihm ein Schlaflied singen oder liebevolle Worte zuflüstern.

Kopf und Bauch

Das Baby liegt mit dem Rücken auf einem weichen Handtuch. Streicheln Sie zunächst sanft seinen Kopf. Massieren Sie dann die Stirn von der Mitte nach außen. Streichen Sie mit den Fingern über Augenbrauen und Schläfen in Richtung Ohren. Für die Wangen nehmen Sie die Daumen. Bewegen Sie dann Ihre Hände über seine Brust bis seitlich hinab zu den Rippen. Führen Sie sie ohne sie hochzuheben in einer kreisförmigen Bewegung zurück zur Brust.

Beine und Füße

Massieren Sie ein Bein nach dem anderen, beginnend bei den Oberschenkeln. Streicheln und drücken Sie das Bein sanft, während Sie sich zu den Füßen hinabarbeiten. Nehmen Sie die Füße in die Hände und reiben Sie mit dem Daumen über die Sohlen. Ziehen Sie dann ganz zart mit Daumen und Zeigefinger an jeder Zehe.

Arme und Hände

Massieren Sie einen Arm nach dem anderen, beginnend an der Schulter, bis hinab zu den Fingern. Streicheln und drücken Sie jeden Arm sanft. Reiben Sie mit den Daumen über die Handinnenflächen und ziehen Sie sehr sanft mit Daumen und Zeigefinger an jedem Finger des Babys.

Spontanes Konzert

Überreden Sie Freunde oder Familie dazu, spontan mit improvisierten Instrumenten wie Pfannen und Löffeln oder einer Trompete aus aufgerolltem Papier Musik zu machen. Geben Sie Ihrem Baby auch eine Rassel in die Hand. »Spielen« Sie Ihre Lieblingslieder und singen und tanzen Sie dazu so komisch, wie Sie möchten. Versuchen Sie, Ihr Baby zum Lachen zu bringen!

Alles fällt herab

Setzen Sie sich mit dem Baby auf den Boden und stapeln Sie Bauklötze oder kleine Schachteln aufeinander. Setzen Sie oben auf den Turm eine kleine Spielzeugfigur und lassen Sie Ihr Baby danach greifen. Bringt es dabei den Turm zum Einsturz, applaudieren Sie begeistert. So trainiert Ihr Baby seine Hand-Augen-Koordination und seine Konzentration. Ganz nebenbei lernt es noch etwas über Ursache und Wirkung.

Sandige Sache

Schütten Sie eine Schicht feinen Sand auf ein tiefes Tablett oder ein Backblech und halten Sie Ihr Baby darüber, sodass seine Füße den Sand berühren. Lassen Sie ihn über seine Zehen rieseln und ermöglichen Sie ihm seine Füße nach Herzenslust hineinzuwühlen.

Fingerspiele

Sagen Sie diesen Reim auf und berühren Sie dabei nacheinander alle Finger seiner Hand. Sind Sie beim kleinen Finger angelangt, küssen und herzen Sie Ihr Kind. Mit dem Daumen geht's los:

Das ist der Daumen,
der schüttelt die Pflaumen,
der sammelt sie auf,
der trägt sie nach Haus',
und der Kleine isst sie alle auf!

Ihr Baby mit …

6–7 Monaten

Ihr sechs Monate altes Baby entwickelt neue Fertigkeiten, weil es immer mehr **Kontrolle** über seinen Körper erlangt und bestimmte Reflexe verschwinden. Seine *Kraft* und *Koordination* reichen jetzt aus, um **aufrecht zu sitzen** und um sich schon auf das **Krabbeln** vorzubreiten. Seine *Sinne* **(Tasten, Sehen, Schmecken, Riechen und Hören)** werden schärfer. Es wird sich seiner selbst **bewusst**, und es braucht *Wiederholungen*, um Gelerntes zu verankern.

Ihr Baby

kann wahrscheinlich schon:

- den Kopf hochhalten
- frei sitzen
- fröhlich glucksen und kichern
- die Stimmlage ändern, um sich auszudrücken

- Geräusche machen (mit und ohne Hilfsmittel), um Ihre Aufmerksamkeit zu wecken
- Verständnis für das Prinzip von Ursache und Wirkung entwickeln
- mit den Armen gestikulieren, etwa sie ausstrecken, wenn es hochgehoben werden will

Manche Babys können sogar:

- Essen greifen und versuchen selbst zu essen oder eine Schnabeltasse halten

Tierisch gut

Besuchen Sie Freunde mit Haustieren, sofern Sie nicht selbst welche haben. Ihr Baby kann sie von Ihrem sicheren Arm aus beobachten und seine Scheu vor ihnen abbauen. Auch ein Besuch im Streichelzoo ist ein Weg, um Ihr Baby mit Tieren vertraut zu machen. Betonen Sie dabei immer wieder, wie wichtig es ist, zuerst den Besitzer zu fragen, bevor man ein Tier streichelt.

Takt
und Rhythmus

Stellen Sie eine Playlist mit Liedern unterschiedlichster Rhythmen zusammen. Wiegen Sie sich mit dem Baby auf dem Arm zu langsamer Musik, gehen oder tanzen Sie rhythmisch zu Schlagzeug-Beats und hüpfen Sie zu fröhlicher Musik wie ein Gummiball umher.

Wirbelndes Windrad

Blasen Sie gegen ein Windrädchen, sodass es sich dreht und die Aufmerksamkeit Ihres Babys erregt. Es hilft Ihnen sicher gern es festzuhalten, während Sie blasen, und beobachtet fasziniert die rotierenden Blätter.

LECKER

Greifreflexe, Konzentration und Hand-Augen-Koordination Ihres Babys verbessern sich jetzt rasch. Es findet heraus, wie man Dinge ergreift und festhält, sie in den Mund steckt, um sie zu erkunden, und wie man sie von einer Hand in die andere nimmt. Sogar Essen wie Obststückchen können dazu dienen, all diese neuen Fertigkeiten zu trainieren. Und wenn die Händchen dabei einmal im Brei oder in der Nachspeise landen, kann man sie sogar mit Genuss abschlecken!

Brei aus Obst und Getreide

Nichts geht über frisches Obst der Saison, auch für Ihr Baby. Probieren Sie doch einmal diesen Getreide-Obst-Brei:

Zutaten

90 ml Wasser (bzw. Menge nach Angabe auf der Getreidepackung)
20 g Vollkorngetreide als Flocken oder Grieß
100 g Obst, z. B. Äpfel, Birnen oder Pfirsiche
5 g Raps-, Soja- oder Sonnenblumenöl

Zubereitung

1 Wasser erhitzen und das Getreide unter Rühren zugeben. Kurz aufkochen lassen.

2 Obst zerkleinern, zerdrücken und unter den Getreidebrei rühren.

3 Zum Schluss das Öl unterrühren.

Gemeinsam in die Zukunft

Halten Sie Kontakt mit den Freundeskreisen aus der Zeit vor und direkt nach der Geburt. Wie wäre es mit monatlichen Treffen, die fest im Terminkalender eingeplant werden? Manche Eltern treffen sich auch nach 20 Jahren noch regelmäßig. Und da sich auch deren Kinder schon seit der Geburt kennen, besteht zwischen ihnen ebenfalls ein festes Band.

Wenn die ganze Familie teilnehmen soll, eignet sich für solche Treffen das Wochenende am besten. Sie könnten alle zusammen ein Picknick im Park machen oder einen gemeinsamen Ausflug oder eine kleine Party ausrichten, zu der jeder etwas beisteuert.

Erweitertes **Repertoire**

Ihr Baby liebt Wiederholungen, aber es mag auch neue Lieder und Reime. Das Internet ist eine wahre Fundgrube an neuen und alten Kinderliedern und Reimen aus aller Welt. Oft sind sie in kurzen Videos aufbereitet, sodass Sie sich die Texte, Melodien und natürlich die dazugehörenden Bewegungen leicht einprägen können.

Alarm!

Wenn Ihr Baby jetzt regelmäßiger schläft, sind Sie selbst tagsüber nicht mehr so müde. Da ist die Versuchung groß, E-Mails abzurufen oder die Hausarbeit zu erledigen, sobald das Baby schlummert. Sie sollten sich jedoch einen Wecker so einstellen, dass er Sie nach 15–20 Minuten stoppt, sodass Sie selbst auch noch Zeit haben sich auszuruhen.

Balancieren auf dem Ball

In diesem Alter müssen Babys auf ihre Hände schauen, um zu wissen, wo sie liegen. Wächst ihr räumliches Vorstellungsvermögen, haben sie das nicht mehr nötig. Sie können dieses Vorstellungsvermögen fördern, indem Sie Ihr Baby auf einem Gymnastikball balancieren lassen. So bekommt es ein Gefühl dafür, wo es sich im Raum befindet. Halten Sie es gut fest, während es mit dem Bauch auf dem Ball liegt. Lassen Sie es ganz vorsichtig nach beiden Seiten sowie nach vorne und nach hinten rollen und sprechen Sie dabei aufmunternde Worte.

Bekannte Geräusche

Helfen Sie Ihrem Baby, sich mit Geräuschen in seiner Umgebung vertraut zu machen. Gehen Sie mit ihm durch das Haus und nennen Sie jedes Geräusch, das Sie hören, beim Namen. Fragen Sie das Baby, ob es auch etwas hört, und deuten Sie auf die Geräuschquelle, während Sie sie benennen. Das kann Wasser sein, das aus einem Wasserhahn läuft, das läutende Telefon, Schritte auf dem Gehsteig vorm Haus, ein vorbeifahrender Bus oder die Türglocke. Draußen können Sie den Vögeln lauschen, Flugzeugen und Zügen, spielenden Kindern, bellenden Hunden und den Blättern im Wind.

Täglich etwas Neues!

Ein Notizbuch mit täglichen Neuigkeiten über das Baby ist ein schöner Weg, all die kleinen, aber wichtigen Veränderungen in seinem Alltag festzuhalten. Sie können es auch abends gemeinsam mit dem berufstätigen Partner durchblättern, um ihn auf dem Laufenden zu halten. Beschreiben Sie alles, was Ihr Kleines zum ersten Mal erlebt oder getan hat, seine Reaktionen auf Dinge, Personen, Essen etc.

Sie können auch alle wichtigen Ereignisse und Meilensteine mit dem Handy fotografieren.

Tipps & Ideen

Gute Manieren

Ihr Baby lernt alles über den Umgang mit anderen, indem es Sie beobachtet. Sie sind sein erstes Vorbild. Übertreiben Sie ruhig mit Worten und Taten, wenn Sie Bitte und Danke sagen. So zeigen Sie ihm, wie man sich richtig benimmt und mit anderen Menschen umgeht.

Hoppe Reiter mit Extras

Legen Sie sich mit angezogenen Knien auf den Rücken. Ihr Baby liegt auf Ihrem Bauch. Spielen Sie »Hoppe, hoppe Reiter«, doch rollen Sie sich dieses Mal vorsichtig zur Seite, wenn der Reiter fällt.

Punkt, Punkt, Komma, Strich

Während Sie den Reim sagen, malen Sie mit dem Finger ein Gesicht in die Hand Ihres Kindes:

Punkt, Punkt,
Komma, Strich –
fertig ist das
Mondgesicht!

Flugzeuge

Die Nackenmuskeln Ihres Babys sind jetzt stark genug zum »Fliegen«. Legen Sie sich mit angezogenen Knien auf den Boden, das Baby sitzt Ihnen zugewandt auf Ihrem Bauch. Halten Sie es um die Mitte fest, fragen Sie es, ob es bereit ist, zählen Sie bis drei und heben Sie es dann langsam in die Luft. Bewegen Sie es ein paar Mal unter lauten Flugzeuggeräuschen hin und her, ehe Sie es wieder absetzen.

Ballrollen

Da Ihr Baby nun öfter aufrecht sitzt, setzen Sie sich ihm gegenüber auf den Boden. Rollen Sie ihm einen Softball zu und ermuntern Sie es ihn mit den Händen zu Ihnen zurückzustoßen.

Selbstporträt mit Baby

Sorgen Sie dafür, dass es auch viele Fotos von Ihnen und Ihrem Baby zusammen gibt, und halten Sie die gemeinsamen Momente fest. Falls Sie keinen Selbstauslöser an der Kamera haben, bitten Sie Familie und Freunde Sie mit dem Baby zu knipsen.

Krabbelstunde

Versucht Ihr Baby zu krabbeln oder zu robben, gehen Sie auf alle viere und krabbeln Sie mit ihm herum. Ihr Baby wird versuchen, Sie nachzumachen. Sie können auch Ihr Baby nachahmen und so viel Spaß miteinander haben!

Weitergeben

Demonstrieren Sie, wie man einen Softball oder Pompon (S. 159) von einer Hand in die andere nimmt, und geben Sie ihn dann an Ihr Baby weiter. Ermuntern Sie es, Sie nachzumachen und ihn dann zurückzugeben.

Singen mal anders

Singen Sie ein lustiges Kinderlied wie »Es klappert die Mühle am rauschenden Bach« in verschiedenen Tonhöhen und mit albernen Akzenten, direkt ins Ohr Ihres Babys, sodass es lachen muss. So fördern Sie seine Fertigkeit vorauszusehen, was als nächstes kommen wird.

Material-suche

Gehen Sie mit Ihrem Baby auf die Suche nach verschiedenen Materialien: ein weicher Teppich, harter Boden, flauschiges Handtuch, ein seidiger Schal und so weiter. Nennen Sie die Dinge beim Namen, während Ihr Kind sie anfasst.

Wasserspiel

Lassen Sie Ihr Baby bei schönem Wetter draußen mit einer Schüssel mit lauwarmem Wasser spielen (in der Wohnung sollten Sie eine wasserdichte Matte unterlegen). Als Spielzeug dienen Messlöffel sowie Tassen und Spielsachen aus Plastik. Sie können auch noch etwas Babyschaumbad hinzugeben. Ihr Baby trainiert seine Hand-Augen-Koordination, indem es mit den Händen auf die Wasseroberfläche patscht und die Spielsachen aufhebt.

Filzbrett-geschichten

Schlagen Sie ein größeres Brett in bunten Filz ein und tackern Sie die Enden auf der Rückseite fest. Basteln oder kaufen Sie verschiedene Figuren aus Filz – Seeungeheuer, Tiere, Wolken, Gesichter, Pflanzen und Insekten – und drücken Sie sie gegen das Filzbrett, wo sie von selbst leicht haften. Erfinden Sie für Ihr Kind Geschichten, in denen die Filzfiguren vorkommen.

Schatz-kiste

Sammeln Sie verschiedene ungefährliche Dinge, etwa einen Teigschaber, bunte Spielsteine, ein paar Plastikschüsseln und ein Stofftier, in einem großen Korb oder einer Kiste, an die Ihr Kind leicht herankommt. Nehmen Sie ein Objekt aus dem Korb und sagen Sie Ihrem Baby, was das ist. Lassen Sie es dann selbst herausfinden, was noch in dem Korb ist.

MONAT 7

Baden mit Schwämmen

Lassen Sie während des Badens ein paar bunte Badeschwämme oder Schaumstoffblöcke im Wasser schwimmen. Drücken Sie sie unter Wasser und zeigen Sie sich erstaunt, wenn sie wieder auftauchen. Sicher hilft Ihr Baby mit, sie unter Wasser zu drücken.

Direkte Fragen stellen

Wenn Sie mit Ihrem Baby reden und ihm eine Frage stellen, wie »Möchtest du etwas zu trinken?«, sprechen Sie langsam. Betonen Sie wichtige Wörter und zeigen Sie ihm seine Tasse. Warten Sie dann auf seine Reaktion. Diese kurze Pause nach der Frage hilft ihm zu begreifen, dass es in Worte fassen soll, was es möchte. Allmählich versteht es auch, dass eine Konversation abwechselnd geführt wird.

Wo bist du?

Legen Sie Ihrem Baby ein Tuch über den Kopf und tun Sie so, als ob Sie erschrecken würden, wenn Sie das Tuch wegziehen und das Baby darunter zum Vorschein kommt. Ihre Überraschung wird ihm großen Spaß machen.

Gemeinsam frühstücken

MONAT 7

Das Frühstück ist oft die am schnellsten abgehaltene Mahlzeit des Tages, bei der wir obendrein kaum Zeit miteinander verbringen. Da gemeinsam eingenommene Mahlzeiten für die Entwicklung von Babys sehr wichtig sind, sollten Sie versuchen, den Tag mit einem kleinen Frühstück zu zweit zu beginnen.

Bereiten Sie etwas zu, das auch Ihnen schmeckt. Da Ihr Baby sich ohnehin gerade an Beikost gewöhnt, ist Obst mit Getreide vielleicht eine gute Idee – für Sie mit Obststückchen, für das Kind in Breiform. An den Wochenenden hat sicher auch der Rest der Familie Zeit für ein ausgedehntes gemeinsames Frühstück und Ihr Baby lernt, dass Mahlzeiten nicht nur der Nahrungsaufnahme dienen, sondern auch gesellige Angelegenheiten sind.

Aprikosenbrei

Bereiten Sie das Aprikosenmus schon am Abend zu, damit der Brei am Morgen schnell fertig ist. Natürlich können Sie auch anderes säurearmes Obst verwenden.

Für das Aprikosenmus

- 100 g frische Aprikosen
- 250 ml Wasser

Aprikosen und Wasser in einem kleinen Topf mit Deckel zum Kochen bringen. Danach bei reduzierter Hitze köcheln lassen, bis die Aprikosen weich sind. Die abgekühlte Masse in einem Mixer pürieren, eventuell mit abgekochtem Wasser verdünnen. Das abgekühlte Mus im Kühlschrank aufbewahren.

Für den Getreidebrei

- 20 g zarte Haferflocken
- 90 ml Wasser
- 1 TL Rapsöl

Haferflocken und Wasser in einem Topf unter ständigem Rühren erhitzen. Sobald die Masse eindickt, vom Herd nehmen. Auf Körpertemperatur abkühlen lassen. Einen Esslöffel Fruchtmus und einen Teelöffel Rapsöl hineinrühren und servieren.

Die *Baby-Merkliste*

Ihr hektisches Familienleben lässt sich besser steuern, wenn Sie immer Bescheid wissen, was Ihr Baby jeden Tag braucht. Planen Sie die Woche im Voraus auf einer abwischbaren Tafel und hängen Sie sie dort auf, wo Sie sie gut sehen können. Sie können dort festhalten, welche neuen Nahrungsmittel Ihr Baby während der Umstellung auf feste Nahrung erhalten soll, wann das nächste Spiel-Date ist oder welche Medikamente es wann einnehmen muss.

Geheimer Snack

Zeigen Sie dem Baby einen Snack, decken Sie ihn mit einer Serviette zu und lassen Sie es dann selbst entdecken, wo er liegt. Gefällt ihm das Spiel, wiederholen Sie es noch einmal, ehe Sie ihm die Leckerei zu essen geben.

Spiegelspiel

Fördern Sie die Beobachtungsgabe Ihres Kindes, indem Sie sich mit ihm vor einen Spiegel stellen oder setzen. Probieren Sie verschiedene Gesichtsausdrücke und lustige Grimassen aus. Es wird Ihnen gern dabei zusehen und auch sich selbst betrachten (jedoch ohne sich zu erkennen). Vielleicht versucht es sogar, Sie nachzumachen. Sie können auch sein Lieblingsspielzeug hochhalten, es mit verstellter Stimme »sprechen« lassen und so tun, als würden Sie ihm antworten.

Hab' dich!

Setzen Sie Ihr Baby auf den Boden und platzieren Sie ein Spielzeug so, dass es sich danach strecken muss, um es zu erreichen. Nach ein paar Versuchen sollte es ihm gelingen, sich nach vorn zu beugen und das Spielzeug mit den Händen zu fassen. Mit diesem Spiel unterstützen Sie Ihr Kind beim Krabbelnlernen.

Ihr Baby mit …

7–8 Monaten

Die körperlichen und geistigen Fähigkeiten Ihres Babys verbessern sich weiter enorm. Seine *Hand-Augen-Koordination* ist jetzt so gut, dass es Dinge **greifen** und **halten**, sie von einer Hand in die andere *nehmen* und in ein Behältnis *hineinlegen* kann. Nach wie vor liebt es **Wiederholungen** und **einfache Geschichten** sehr. Sein **Alltagsumfeld** und **Geräusche** werden ihm bewusst und es entwickelt *Objektpermanenz*.

Ihr Baby

kann wahrscheinlich schon:

- in die Hände klatschen
- Dinge von einer Hand in die andere nehmen
- verstehen, dass Personen und Dinge weiterhin existieren, auch wenn man sie nicht sieht oder hört (Objektpermanenz)
- aufmerksam zuhören, wenn Sie mit ihm sprechen
- auf Ihre Tonlage reagieren

Manche Babys können sogar:

- sich in Vorbereitung auf das Krabbeln auf Händen und Knien hochstemmen und hin und her schaukeln

Die erste Begegnung

Wenn Sie Personen treffen, die Ihr Baby nicht kennt, ist es wahrscheinlich eher schüchtern und klammert sich an Sie. Das ist in diesem Alter völlig normal. Sie sollten Ihr Baby keinesfalls dazu zwingen, freundlich zu sein. Gehen Sie stattdessen so vor:

- Bitten Sie Ihre Bekannten schon vorher, sich dem Baby langsam, vorsichtig und leise zu nähern.
- Behalten Sie das Baby anfangs auf dem Arm und sprechen Sie mit ihm. Erklären Sie ihm, wer die fremde Person ist.
- Sitzt das Baby auf dem Boden, bitten Sie Ihren Besuch, sich auf seine Ebene zu begeben und ihm ein Lieblingsspielzeug zu reichen, um Vertrautheit zu schaffen.
- Loben und ermutigen Sie Ihr Baby ganz besonders, wenn es den Besuch anlächelt.

Kontakt zu anderen Babys

Ihr Kind ist fasziniert von anderen Babys, auch wenn es in diesem Alter noch nicht mit, sondern nur neben ihnen spielt. Häufiger Kontakt mit anderen Babys oder etwas älteren Geschwistern hilft ihm bei der Entwicklung seines Sozialverhaltens, das ihm auch in der Spielgruppe zugute kommen wird.

Besuch mit Baby

Da Ihr Baby nun älter und geselliger ist, sind Sie sicher häufiger mit ihm bei Freunden und Verwandten eingeladen. Bevor Sie das Haus verlassen, sollten Sie ihm Fotos der Personen zeigen, die Sie gleich besuchen werden, und deren Namen mehrmals wiederholen. Achten Sie während des Besuchs darauf, dass Ihr Baby nicht überfordert wird, indem Sie sich regelmäßig mit ihm für kurze Zeit zurückziehen. Nehmen Sie eine Decke oder das Lieblingsspielzeug mit, falls eine Umarmung nicht reicht, um Ihr Kind zu beruhigen.

Am Bahnhof

Besuchen Sie gemeinsam den nächsten Bahnhof. Beobachten Sie die ankommenden und abfahrenden Züge, ahmen Sie die Geräusche der Bremsen und der Zugtüren nach und reden Sie über die Personen, die ein- und aussteigen.

Wenn es ohne allzugroßen Aufwand machbar ist, kaufen Sie ein Ticket für eine kurze Zugfahrt. Beschreiben Sie, was Sie sehen, und schauen Sie gemeinsam aus dem Fenster. Sie können auch selbst eine Fahrkarte basteln, die Ihr Kind halten kann, während Sie gemeinsam die Züge im Bahnhof beobachten.

Mit dem Baby auf dem Rücken

Leihen oder kaufen Sie sich eine Rückentrage und unternehmen Sie eine kleine Wanderung oder sogar einen ganzen Tagesausflug auf Wegen, die nicht mit dem Kinderwagen befahrbar sind. Ihrem Baby wird es gefallen, die Welt zur Abwechslung von oben zu betrachten, doch wahrscheinlich wird es schon bald vom regelmäßigen Rhythmus Ihrer Schritte in den Schlaf geschaukelt. Achten Sie dann darauf, dass es in der Trage festgegurtet ist und bequem liegt.

MONAT 8

Abwechseln

Jetzt ist ein guter Zeitpunkt, Ihrem Baby zu zeigen, dass man sich bei gemeinsamen Aktivitäten abwechseln muss. Erklären Sie das Konzept, indem Sie beim Spielen »Ich bin dran« und »Du bist dran« sagen. Lassen Sie Ihr Kind zum Beispiel eine Zeit lang mit dem Kochlöffel auf einen umgedrehten Topf schlagen und machen Sie ihm dann klar, dass jetzt Sie an der Reihe sind.

Diese Taktik eignet sich auch bei der Körperpflege: Überlassen Sie ihm zum Beispiel zuerst den Waschlappen und sagen Sie ihm dann, dass nun Sie an der Reihe sind, sein Gesicht zu waschen.

Immer dabei: Snacks für den Notfall

Packen Sie immer ein paar babytaugliche Snacks ein, wenn Sie unterwegs sind, falls Ihr Baby hungrig wird. Das kann zum Beispiel eine Banane sein, ein Röschen gedünsteter Brokkoli oder ein Stück Reiscracker. In luftdichten Plastikdosen verpackt sind sie ohne Probleme wickeltaschentauglich. Auch ein sauberer Trinkbecher und eine Flasche Wasser (aus der Sie selbst ebenfalls trinken können) sollten nie fehlen.

Tour mit Hindernissen

Lernt Ihr Baby gerade zu krabbeln, begeben Sie sich selbst auf alle viere und bauen Sie ihm aus Kissen einen Mini-Hindernisparcours am Boden. Falls es etwas Ermunterung braucht, können Sie ein Spielzeug etwas außerhalb seiner Reichweite postieren und ihm dann helfen über die Kissen zu klettern, um es zu erreichen.

Kurz Pausieren

Fällt es Ihrem Baby schwer, sich von Ihnen zu trennen, beginnen Sie mit kleinen Schritten. Maximal 10–15 Minuten ohne Sie reichen für den Anfang. Diese kurze Trennung nützt dem Baby, weil es lernt, dass Sie immer zu ihm zurückkehren. Und auch Ihnen tut sie gut, denn sie verschafft Ihnen eine kurze Pause, in der Sie wieder Energie tanken können.

Überlassen Sie Ihr Baby in dieser Zeit Ihrem Partner, einer Freundin oder den Großeltern. Sagen Sie ihm, dass Sie bald zurück sein werden und winken Sie zum Abschied (schleichen Sie sich nie davon). Gehen Sie aus dem Zimmer, schließen Sie die Tür hinter sich und tun Sie während der Pause ausschließlich das, worauf Sie selbst gerade Lust haben.

Flauschiger Pompon

Ein einfacher, selbst gebastelter Pompon ist ein überraschend vielseitiges Spielzeug. Er lässt sich leicht halten, er kann als Ball dienen und dank seiner flauschigen Beschaffenheit ist er ein interessantes Erkundungsobjekt. Lassen Sie das Baby jedoch nie mit dem Pompon allein!

Das brauchen Sie

- Blatt Papier
- Karton
- Wollknäuel in leuchtender Farbe

Zeichnen Sie einen 20 cm großen Kreis auf das Papier. In die Mitte zeichnen Sie einen weiteren Kreis mit etwa 5 cm Durchmesser (groß genug, um die Wollfäden hindurchzuziehen). Schneiden Sie die Vorlage aus, legen Sie sie auf den Karton und schneiden Sie zwei Scheiben mit Löchern in der Mitte aus.

Legen Sie die Scheiben aufeinander. Führen Sie die Wolle durch das Loch in der Mitte und wickeln Sie die Scheiben damit rundum ein. Je mehr Wolle, desto dicker wird der Pompon. Schieben Sie eine Schere zwischen die zwei Scheiben und schneiden Sie die Wolle am Außenrand entlang auf.

Fädeln Sie dann einen langen Wollfaden zwischen die Scheiben rund um die Wolle und knoten Sie ihn fest. Schneiden Sie die Scheiben weg und plustern Sie den Pompon auf.

Tipps & Ideen

knirsch!

Bücher zum Fühlen und Hören

Betrachten Sie mit dem Baby ein Bilderbuch mit interaktiven Elementen. Lassen Sie es die verschiedenen Oberflächen fühlen und benennen Sie die Geräusche, die das Buch macht.

knister!

Überzogene Mimik

Übertreiben Sie ruhig Ihre Mimik, während Sie dem Baby eine Geschichte erzählen oder mit ihm reden. Es studiert Ihr Gesicht ganz genau, während es Ihnen zuhört. Das hilft ihm, Ihre Reaktionen zu deuten.

Hauptrolle

Nehmen Sie ein kurzes Video von Ihrem Baby auf und zeigen Sie es ihm. Es wird sich nicht erkennen, aber ganz sicher fasziniert auf das »fremde« Baby reagieren.

Kussjagd

Ihr Baby ist jetzt alt genug, um ein Gefühl dafür zu entwickeln, was als nächstes passiert. Strecken Sie die Hände nach ihm aus, warnen Sie es, dass Sie es gleich fangen werden, heben Sie es dann hoch und küssen Sie es, bis es vor Freude quietscht.

Tierisch guter Wechsel

Ist Ihr Baby quengelig und unruhig, während Sie ihm die Windeln wechseln? Dann kleben Sie große Tierbilder auf Kartons und hängen Sie sie dort auf, wo Ihr Baby sie beim Wickeln sehen kann. Unterhalten Sie es dabei mit Tierlauten. Tauschen Sie die Bilder oft aus. Oder nehmen Sie weiche Plastiktiere, die Sie ihm zur Ablenkung in die Hand geben können.

Zeigt her ...

Ihr Baby liebt es, Sie bei allem zu beobachten, was Sie tun – egal, wie alltäglich es ist. Wenn Sie Ihr Haar kämmen oder die Hände waschen, können Sie dabei »Wischi wischi waschi« singen. Anschließend wiederholen Sie den Text und bürsten Ihrem Baby das Haar.

Deuten lernen

Stellen Sie Stofftiere in einer Reihe auf, zeigen Sie auf jedes davon und sagen Sie, was das ist. Ihr Baby patscht oder wedelt noch mit den Händen, aber es lernt bald, wie man mit dem Finger auf etwas zeigt.

Ein Sparbuch fürs Baby

Falls Sie schon Geldgeschenke erhalten haben, könnten Sie jetzt ein Sparkonto für Ihr Baby eröffnen. Besuchen Sie gemeinsam die Sparkasse, um daraus ein besonderes Ereignis zu machen.

Geschichte mal anders

Tragen Sie eine bekannte Geschichte mal mit einer lustigen Stimme vor, singen Sie sie vor oder lesen Sie eine Seite schnell, die nächste langsam. Sie können auch etwas nachspielen, das in der Geschichte passiert, etwa, das Baby in den Arm zu nehmen.

Babys erster Tunnel

Stellen Sie sich breitbeinig hin und ermuntern Sie Ihr Baby, zwischen Ihren Beinen hindurchzukrabbeln. Sie können auch einen großen Pappkarton nehmen, den Sie an den schmalen Seiten öffnen. Setzen Sie sich mit dem Kind auf den Boden und zeigen Sie ihm, wie es hindurchkriechen kann. Oder Sie bitten ein Familienmitglied, sich auf alle viere zu begeben, sodass eine Art Brücke entsteht, unter der das Baby entlangkrabbeln kann. Gehen Sie dabei mit gutem Vorbild voran, das wird für jede Menge Spaß und Gelächter sorgen.

hier quietscht was

Das Gehör Ihres Babys war schon bei der Geburt gut entwickelt, aber inzwischen kann es eine Vielzahl von Tönen unterscheiden. Verstecken Sie ein Quietschtier oder eine Rassel unter einer Serviette oder einer kleinen Decke und machen Sie damit ein Geräusch. Geben Sie dem Baby Zeit, zu lokalisieren, woher der Laut kommt. Helfen Sie ihm dann den versteckten Lärmverursacher zu finden und loben Sie es, wenn es das Spielzeug aufdeckt.

Gemüse
aus dem Backofen

Um Gemüsesorten wie Zucchini, Karotten, Kürbis, Pastinanken, Kohlrabi und Süßkartoffeln für Ihr Baby etwas interessanter zu machen, können Sie sie im Ofen backen. Das verstärkt ihre natürliche Süße. Schneiden Sie das Gemüse vorher in mundgerechte Stücke und servieren Sie es mit Zimmertemperatur.

Rezept

- Den Backofen auf 200 °C (Gas 6) vorheizen.
- Das Gemüse waschen, wenn nötig schälen und in etwa 3 cm lange Stücke schneiden.
- Gemüse auf das Backblech legen und mit wenig Pflanzenöl bestreichen.
- 20–25 Minuten backen, bis es zart genug ist.
- Auf Küchenpapier legen, damit überflüssiges Öl aufgesaugt wird, und abkühlen lassen.

Einfache Dusche

Bohren Sie mit einem Bratspieß ein paar Löcher in den Deckel eines Plastikbehälters. Füllen Sie den Behälter zur Hälfte mit Wasser, verschließen Sie ihn mit dem Deckel und zeigen Sie dem Baby, wie es ihn umdrehen und Wasser über Bauch, Knie und Füße regnen lassen kann. Das macht nicht nur Spaß, sondern trainiert auch die Feimotorik und das Verständnis für Ursache und Wirkung.

MONAT 8

Indoorspielplatz

Koordination und Muskelkontrolle Ihres Babys werden immer besser. Obendrein interessiert es sich täglich mehr für seine Umwelt, sodass Sie mit ihm einen Indoorspielplatz besuchen sollten. Am besten zu einer Zeit, in der dort nicht viel los ist, etwa unter der Woche früh am Morgen. Der Bällepool ist ein guter Startpunkt. Steigen Sie zusammen hinein, halten Sie das Baby gut fest und lassen Sie es vorsichtig durch die Bälle gleiten.

Knister socke

Stopfen Sie eine alte Socke mit zerknülltem Zellophan aus und binden Sie sie fest zu. Zeigen Sie dem Baby, wie es Knistergeräusche produzieren kann, indem es die Socke mit den Händen drückt. Für eine Knisterschlange eignet sich ein langer grüner Strumpf besonders gut. Nähen Sie am Fußende ein rotes Band oder ein Stück Filz fest, aus dem Sie ein V ausgeschnitten haben. Dann noch ein paar Augen aus Filz und gelbe Filzdreiecke als Schuppen aufkleben. Fertig.

Offenes Ende zubinden

Babys erste Höhle

Höhlen werden beim Fantasiespiel Ihres Kindes bald einen wichtigen Platz einnehmen. Sie können ihm schon jetzt seine erste Höhle basteln. Drapieren Sie dazu ein Bettuch oder eine Tischdecke über einen Tisch und kriechen Sie mit dem Baby darunter. Nehmen Sie auch den Teddy mit und halten Sie dort unten eine gemütliche Teegesellschaft ab.

Natürliches Windspiel

Draußen zu sein ist für Ihr Baby einfach wunderbar, denn all seine Sinne werden von den Geräuschen, Ansichten und Gerüchen stimuliert. Bieten Sie ihm zusätzliche Abwechslung, indem Sie ihm ein Windspiel basteln und dies an einem niedrigen Zweig aufhängen. Stellen Sie sich mit dem Baby davor und beobachten Sie, wie der Wind die hängenden Objekte zum Klingen bringt. Sie könnten sich auch darunterlegen und darüber sprechen, wie die Blätter an den Zweigen rascheln und wie sich das Windspiel bewegt.

Sicher gefällt es Ihrem Baby auch, wenn Sie mit den Händen einen Blätterhaufen zum Rascheln bringen oder mit ihm beobachten, wie die Blätter durch die Luft segeln, ehe sie zu Boden fallen.

MONAT 8

Muschelwindspiel

Bohren Sie mit der Spitze einer scharfen Nagelschere ein Loch in die Muscheln und binden Sie sie an unterschiedlich langen Schnüren fest. Setzen Sie nach jeder Muschel einen Knoten. Befestigen Sie alle Schnüre an einem Stück Treibholz, einer großen Muschel oder an einem Seestern, sodass sie zusammenstoßen, wenn sie bewegt werden.

Nudelspiel

Gekochte kalte Nudeln können ein tolles »Spielzeug« für Ihr Kind abgeben, das es mit den Händen erkunden kann. Außerdem trainiert es durch das Aufheben der Nudeln seinen Pinzettengriff. Setzen Sie es dazu in seinen Hochstuhl und legen Sie eine Plastikmatte unter, auch wenn Ihr Kind jetzt nicht isst, sondern spielt. Wobei es natürlich von den gekochten Nudeln auch nach Herzenslust kosten darf.

Der Essensgast

Ist das Baby beim Essen schnell gelangweilt, setzen Sie ein abwaschbares Spielzeug an den Tisch, das Ihr Baby »füttern« kann. Sprechen Sie über das Spielzeug, während Sie Ihr Baby und wahlweise auch das Spielzeug füttern.

Knautsch-kunst

Stecken Sie ein Blatt Aquarellpapier in eine Plastiktüte, die sich mit einem Reißverschluss verschließen lässt. Geben Sie je eine kleine Menge von zwei Farben auf Wasserbasis dazu. Verschließen Sie die Tüte und zeigen Sie Ihrem Baby, wie es sie drücken und knautschen kann, sodass sich die Farben auf dem Papier verteilen. Wenn es damit fertig ist, ist ein kleines Kunstwerk entstanden, das nur noch trocknen muss.

Wir sind die Fingerleute

Malen Sie sich ein kleines Gesicht auf ihre Fingerspitzen. Ballen Sie eine Faust und strecken Sie jeden Finger einzeln hoch, um dem Baby Hallo zu sagen. Geben Sie jedem Finger einen Namen und eine lustige Stimme. Um die Charaktere perfekt zu machen, können Sie unterschiedliche Frisuren aus Wollfäden aufkleben.

Erfinden Sie eine kleine Geschichte über die Fingerleute, die damit endet, dass Sie dem Baby mit der ganzen Hand zum Abschied winken.

Ihr Baby mit …

8–9 Monaten

Etwa zur selben Zeit, in der die Trennungsangst einsetzt, zeigt das Baby **mehr Interesse** an **anderen Babys**. Es versucht *Kontakt zu knüpfen*, indem es sie **berührt** und mit ihnen **brabbelt**. Es *versteht*, auf welche Weise Dinge wie eine Tasse oder eine Haarbürste **benutzt** werden und was das Wort **»Nein«** bedeutet. Sein *Sinn für Humor* entwickelt sich ebenso schnell wie seine Fähigkeit zu *krabbeln*.

Ihr Baby

kann wahrscheinlich schon:

- ✿ Dinge weiterreichen
- ✿ begreifen, wie man manche Dinge benutzt
- ✿ das Wort »Nein« verstehen
- ✿ erste Krabbelversuche machen
- ✿ zwei Dinge gegeneinanderschlagen
- ✿ einfache Anweisungen befolgen
- ✿ Sie nachmachen, wenn Sie ihm zuwinken

Manche Babys können sogar:

- ✿ sich zum Stehen hochziehen
- ✿ in die Richtung schauen, in die Sie zeigen, und selbst erste Versuche machen, auf etwas zu deuten

Einfach zum Lachen!

MONAT 9

Vermutlich hat Ihr Baby mit etwa drei Monaten zum ersten Mal leise gelacht. Heute, mit neun Monaten, werden Sie feststellen, dass es Sie immer wieder mit seinem herzhaften Gelächter erfreut.

Sie erkennen daran, dass sich sein Sinn für Humor entwickelt und es mit den Personen in seiner Umgebung interagiert. Finden Sie heraus, worüber es sich besonders amüsiert.

Sie können …

- lustige Grimassen ziehen,
- es an den Beinen kitzeln,
- so tun, als ob seine Füße schrecklich riechen und Sie deshalb ganz furchtbar entsetzt sind.

Natürlich gute Laune

Falls Sie einen kleinen Stimmungsaufheller brauchen, machen Sie mit dem Baby einen Spaziergang im Grünen – egal, ob im Stadtpark oder auf dem Land. Wissenschaftler fanden heraus, dass sich die Laune schon nach fünf Minuten Bewegung in der Natur bessert. Auch Ihr Baby wird von der frischen Luft profitieren und Spaß daran haben, im Buggy die Welt an sich vorbeiziehen zu lassen.

Winke, winke

Um Ihr Baby an die Vorstellung zu gewöhnen, dass Dinge kommen und gehen, sollten Sie »winke, winke« machen, wenn jemand geht, ein Bus abfährt oder Sie ein Stofftier zurück in die Kiste legen. Nach vielen Wiederholungen wird Ihr Kind versuchen, die Winkbewegung nachzumachen.

Tagebuch mit Hand & Fuß

Ihr Baby erreicht einen Meilenstein nach dem anderen. Höchste Zeit, das Babytagebuch auf den letzten Stand zu bringen und ein paar neue Hand- und Fußabdrücke hinzuzufügen. Pinseln Sie dazu die Handflächen des Kindes mit schadstofffreier Wasserfarbe ein und drücken Sie sie sanft aufs Papier. Wiederholen Sie das Ganze auch mit seinen Füßchen.

MONAT 9

Schönes Andenken

Machen Sie doch noch ein paar zusätzliche Handabdrücke als Erinnerung für Sie selbst und für die Familie. Überziehen Sie den Karton eines Bilderrahmens mit einem hübschen Stoff, den Sie auf der Rückseite mit Klebeband fixieren. Befestigen Sie in der Mitte den Handabdruck mit doppelseitigem Klebeband und legen Sie den Karton zurück in den Rahmen.

Rahmen Sie den Abdruck ein und hängen Sie ihn an die Wand.

Spaß tanken

Ihr Baby liebt es, von Ihnen zum Lachen gebracht zu werden. Das fällt nicht immer leicht, besonders, wenn Sie selbst müde und erschöpft sind. Um nicht ganz den Humor zu verlieren, sollten Sie das Baby hin und wieder in die Obhut anderer Familienmitglieder geben und einen fröhlichen Abend mit Freunden verbringen, im Kino einen lustigen Film anschauen oder ein humorvolles Buch lesen, das Sie zum Lachen bringt.

Bewegliche Deckel

MONAT 9

Sammeln Sie Deckel von Milch- oder Wasserflaschen und säubern Sie sie gründlich. Bohren Sie in jeden Deckel ein Loch und fädeln Sie sie wie die Perlen eines Rechenschiebers auf ein Stück Schnur. Sichern Sie die Enden der Schnur mit dicken Knoten. Binden Sie das Ganze horizontal an zwei Tischbeine und zeigen Sie dem Baby, wie es die Deckel verschieben oder drehen kann.

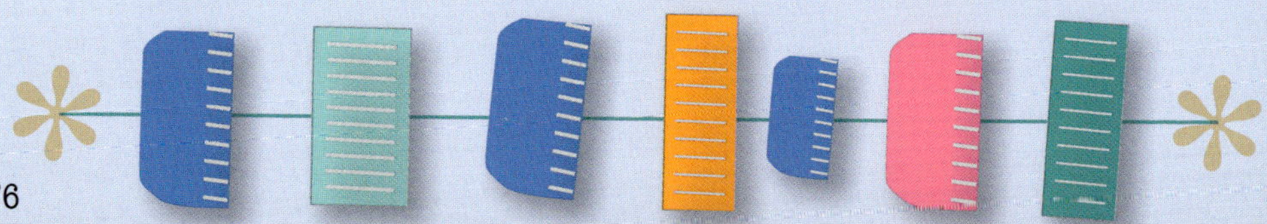

20-mal probiert

Vielleicht dauert es eine Weile, bis Ihr Baby unbekanntes Essen akzeptiert. Man geht davon aus, dass Babys neue Nahrungsmittel bis zu 20-mal probieren müssen, bevor sie sie essen. Das sollte spielerisch und ohne Druck geschehen. Sie können dazu das Essen in Mustern auf dem Teller anordnen oder ihm Persönlichkeit verleihen – so kann Blumenkohl wie ein Schaf aussehen. Lassen Sie Ihr Kind das neue Essen auch anfassen, dann wird es bald in seinem Mund landen.

Spielen im Gras

Babys lieben neue Erlebnisse. Setzen Sie das Baby ins grüne Gras, sodass es spüren kann, wie die Grashalme an den nackten Füßen kitzeln. Pflücken Sie einen davon und streichen Sie damit über seine Arme, Beine und die Fußsohlen. Packen Sie eine Decke und etwas zu essen ein, falls Sie länger im Grünen bleiben.

Zum Klatschen

Wenn Ihr Baby schon klatschen kann, singen Sie jetzt bevorzugt Lieder, wie »Wenn du fröhlich bis, dann klatsche in die Hand«, bei denen Ihr Baby mitmachen kann. Oder setzen Sie sich dem Baby gegenüber auf den Boden und probieren Sie ein Mitmachlied wie dieses:

Meine Hände sind verschwunden,
Ich hab keine Hände mehr.
Ei, da sind die Hände wieder,
Tra la la la la la la.

Weitere Verse:

Meine Nase ist verschwunden …
Meine Augen sind verschwunden …
Meine Ohren sind verschwunden …

Führen Sie sanft Babys Füße oder Hände, falls es Hilfe beim Stampfen, Reiben oder Wackeln braucht. Erfinden Sie selbst noch weitere Verse, wenn Ihr Baby an solchen Reimspielen Spaß hat. Geben Sie ihm Zeit, Sie zu beobachten, bevor es versucht Sie nachzumachen.

Mango-Lollys

Bescheren Sie Ihrem Baby mit diesen selbst gemachten Mango-Eislutschern ein neues Geschmackserlebnis, das nebenbei noch die Schmerzen des Zahnens lindert. Mango enthält viel Vitamin C für ein gesundes Immunsystem und ist von Natur aus süß. Kaufen Sie dicke Eisstäbchen und benutzen Sie Eierbecher oder kleine Tupperdosen als Formen. Für 6–8 Lollys.

Zutaten

200 g frische, reife Mango in Würfeln
Saft einer halben Zitrone

Zubereitung

1 Mangowürfel zu Mus pürieren.

2 Mus und Zitronensaft vermischen und in 6–8 Eierbecher oder kleine Formen füllen. Ein Eisstäbchen hinein, und ab in den Gefrierschrank.

3 Sobald sie gefroren sind, werden die Lollys samt Eierbecher in einen Plastikbehälter oder einen Gefrierbeutel gelegt, damit sich keine Kristalle bilden.

4 Vor dem Servieren den Lolly kurze Zeit bei Zimmertemperatur antauen lassen. Er ist essbar, wenn Sie ihn mit einem sauberen Finger berühren und er nicht mehr an der Haut festklebt. Den Lolly aus der Form nehmen, dem Baby ein Lätzchen umbinden und ihm den Lolly zum Probieren in die Hand drücken.

Babyheben statt Liegestütze

Mit angezogenen Knien flach auf den Rücken legen. Das Baby in der Taille gut festhalten und langsam heben und senken. Machen Sie dabei lustige Geräusche und Grimassen, bis es lachen muss. Wenn ihm das Schweben in der Luft gefällt, machen Sie daraus eine Übung – statt Liegestütze oder Bankdrücken. Das formt den Bizeps und Ihr Baby hat dabei jede Menge Spaß.

Ein Ausflug zum Spielplatz

Ein gut besuchter Spielplatz mit vielen anderen kleinen Kindern wird Ihr Baby begeistern. Es ist inzwischen alt genug für die Babyschaukel und die Babyrutsche. Sie müssen es aber gut festhalten und notfalls nebenherlaufen, während es langsam hinunterrutscht. Sie können es auch auf den Schoß nehmen, während Sie auf der Wippe auf und ab wippen.

Schaukelspaß

Vielleicht ist Ihr Baby schon bereit für sein erstes Schaukelpferd. Kaufen Sie ein altersgerechtes Modell, das Ihrem Baby maximale Sicherheit gewährt. Halten Sie es sanft um die Mitte herum fest, während es schaukelt.

Wortschatzerweiterung

Machen Sie Ihr Baby mit neuen Wörtern vertraut, indem Sie sie am Anfang besonders betonen. Sagen Sie zum Beispiel »Roooose« statt »Rose«. Vielleicht versucht es, Ihnen nachzusprechen.

Das Anzieh-Spiel

Während Sie Ihr Baby anziehen, deuten Sie auf jedes Kleidungsstück und benennen Sie es, damit es mit dem Begriff vertraut wird. Vielleicht macht es Sie nach und deutet selbst darauf. Um daraus ein Spiel zu machen, stellen Sie zuerst eine Frage wie »Wo ist dein Strumpf?«. Dann zeigen Sie darauf und halten ihn hoch, ehe Sie ihn dem Baby anziehen.

Kniebeuge

Vielleicht versucht Ihr Baby schon mit Begeisterung, sich vom Sitzen zum Stehen hochzuziehen. Nehmen Sie es auf den Schoß, sodass es Sie anschaut. Seine Füße ruhen auf Ihren Oberschenkeln. Stützen Sie seinen Oberkörper, während es versucht, sich hochzustemmen. Lassen Sie es üben, solange es ihm Spaß macht. Ermuntern und loben Sie es ausgiebig.

Rock 'n' Roll

Für dieses Spiel – eine Weiterführung der Bauchlage (S. 66–67) – legen Sie eine Kissen- oder Handtuchrolle auf den Boden und legen das Baby mit dem Bauch quer darauf. Halten Sie seine Füße knapp über dem Boden fest und warten Sie ab, ob es versucht sich mit den Händen vorwärts oder vor und zurück zu schieben. Sie können Ihr Baby auch dazu ermuntern, indem Sie es sehr vorsichtig über den Boden rollen.

Endlose Schals

Für ein einfaches Ursache-Wirkung-Spiel binden Sie die Enden mehrerer bunter Seidenschals aneinander. Stecken Sie sie in eine leere Tücherbox und helfen Sie dem Baby, die Schals wieder herauszuziehen. Sprechen Sie über Stoff und Farbe der Schals und zeigen Sie ihm, wie sie sich auf der Haut anfühlen.

Dem Baby antworten

Mit rund neun Monaten versteht Ihr Baby wahrscheinlich schon bis zu 20 Wörter, die Sie regelmäßig benutzen. Es erkennt auch Ihren Sprachrhythmus. Es wird versuchen, neue Laute wie »t« und »w« zu bilden, wenn es mit Ihnen kommuniziert. Hören Sie aufmerksam zu, wenn es brabbelt, und antworten Sie ihm, indem Sie seine Laute und seine Betonung wiederholen. Es gefällt ihm, so zu tun, als ob Sie beide sich richtig unterhalten. Das stärkt sein Selbstvertrauen.

Zehen-Reim

Acht bis neun Monate sind das perfekte Alter für diesen Reim, den man auch mit den Fingern des Babys spielen kann. Beim Aufsagen jeder Zeile fassen Sie eine Zehe Ihres Babys an, angefangen beim großen Zeh. Wackeln Sie damit, während Sie den Reim aufsagen. Bei »der hat ihn wieder aufgeweckt« kitzeln Sie Ihr Baby am Fuß.

Der ist ins Wasser gefallen,
der hat ihn rausgeholt,
der hat ihn ins Bett gelegt,
der hat ihn zugedeckt,
und der klitzekleine Schelm da,
der hat ihn wieder aufgeweckt.

»Buh!«

Finde das Versteck

Für diese Version des Versteckspiels stellen Sie zwei Stühle in kurzer Entfernung voneinander auf. Legen Sie zwei schwere Bücher auf die Sitze, damit sie nicht umfallen. Breiten Sie dann ein Tischtuch über die Stühle, das bis zum Boden reicht. Lassen Sie das Baby zuschauen, wie Sie in das so entstandene Zelt einen Teddy setzen. Fragen Sie dann das Baby »Wo ist Teddy?«. Helfen Sie ihm das Tischtuch hochzuheben und sagen Sie »Daaa ist Teddy!«

Ihr Baby wird daran so viel Spaß haben, dass es sich selbst im Zelt verstecken möchte. Kommt es damit klar, Sie ein paar Sekunden nicht zu sehen, lassen Sie es durch Hochheben der Tischdecke »erscheinen« und tun Sie so, als ob Sie davon sehr überrascht wären.

Rumba-Musik

Je mehr Ihr Baby seine Hände einsetzt, desto besser lernt es sie zu kontrollieren. Basteln Sie ein Paar Rumba-Rasseln, die es schütteln kann, und machen Sie mit ihm zusammen Musik. Als Rassel eignen sich alle kleinen Behälter, die sich fest mit einem Deckel verschließen lassen. Füllen Sie sie mit ungekochtem Reis, Nudeln, getrockneten Linsen oder Erbsen. Sichern Sie die Deckel zusätzlich mit Klebestreifen und zeigen Sie Ihrem Baby, wie man sie schüttelt.

Bananofon

Nehmen Sie eine Banane und tun Sie so, als sei sie ein Telefon, mit dem Sie jemanden anrufen, den Ihr Baby gut kennt. Halten Sie die Banane ans Ohr und führen Sie ein kurzes Gespräch. Dann lassen Sie auch Ihr Baby hineinsprechen. Zum Schluss schälen Sie die Banane und essen sie gemeinsam auf.

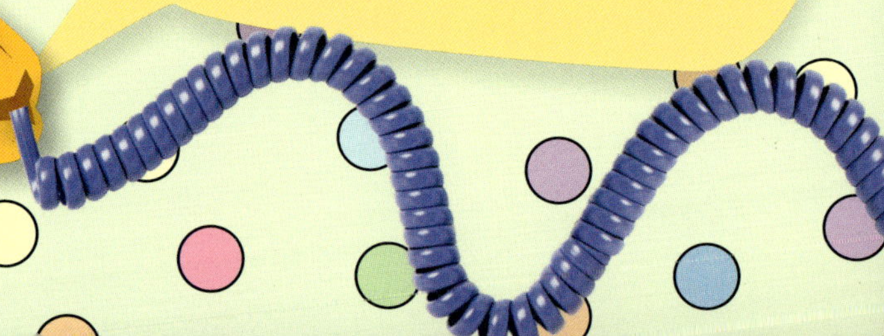

Spaß mit Mehl

Breiten Sie Zeitungen oder eine Plastikfolie auf dem Boden aus und setzen Sie Ihr Baby darauf. Schütten Sie einen kleinen Mehlhaufen vor ihm auf. Zeigen Sie ihm, wie es das Mehl bewegen und Abdrücke darin machen kann oder das Mehl mit einem Löffel in eine Tasse füllen kann. Stäuben Sie auch etwas Mehl auf seine Hände oder Füße, damit es erfährt, wie sich der weiße Puder auf der Haut anfühlt.

Der Fühl-Teppich

Basteln Sie für Ihr Baby einen Fühl-Teppich. Dazu nähen Sie Stücke unterschiedlichster Materialien wie Plüsch, Samt und Filz sowie andere raue, glatte, noppige oder weiche Stoffe auf ein großes Stück Stoff. Lassen Sie das Baby auf dem Teppich sitzen und die verschiedenen Oberflächen befühlen, während Sie sie beschreiben.

Persönliche Geschichten

Erfinden Sie eine Geschichte mit Ihrem Baby als Hauptperson und seinen Lieblingsstofftieren als Nebendarstellern.

1

Dschungelabenteuer mit Ben & Affe

Eines Morgens wachte Ben auf und beschloss ein Abenteuer zu suchen. »Wo gehen wir heute hin?«, fragte er Affe. »In den Dschungel. Dort leben einige unserer Freunde«, antwortete Affe und lächelte breit.

2

Ben und Affe machten sich auf den Weg. Dabei kamen sie durch hohes grünes Gras. Plötzlich hörten sie ein lautes Geräusch: »Roooooarrrrr!« Ben und Affe stoppten und klammerten sich aneinander. »Was war das?« Doch es war nur Löwe, der ihnen Hallo sagen wollte.

3

Im Dschungel staunten Ben und Affe über die hohen Bäume. Da bewegte sich plötzlich ein langer Ast. »Versteck dich!«, rief Affe. Ben und Affe versteckten sich, bis der Ast sagte: »Tsssss«. »Das ist nur Schlange«, sagte Ben. »Sie ist unsere Freundin.«

Ben und Affe sagten Schlange auf Wiedersehen. Auf einmal machte irgendetwas im Dschungel »Quiek!«. Affe sprang in Bens Arme und Ben musste ihn ganz fest drücken. »Affe, das ist nur eine Maus. Lass uns nach Hause gehen und etwas essen.« Also gingen Ben und Affe nach Hause und erzählten jedem, dass sie ihre besten Freunde getroffen hatten – und eine Maus.

4

Küchenschrank neu sortiert

Ein niedriger Schrank oder eine Schublade in der Küche mit babyfreundlichem Inhalt kann Ihr Kind länger beschäftigen als so manches Spielzeug. Auch wenn Sie wenig Platz haben, sollten Sie versuchen, etwas unzerbrechliches Geschirr und Plastikbehälter in einen Schrank einzuräumen, an den Ihr Baby leicht herankommt. Plastiklöffel oder kleine Kartons mit Softbällen oder Plastikschüsseln mit Pompons bieten noch mehr Abwechslung.

Verstecken spielen

In diesem Alter fängt Ihr Baby erst an zu begreifen, dass Sie da sind, auch wenn es Sie nicht sehen kann, und dass Sie auch wieder erscheinen. Spielen Sie bei einem Spaziergang im Park mit ihm Verstecken, um es mit dem Konzept der sogenannten Personenpermanenz vertraut zu machen. Verstecken Sie Ihr Gesicht hinter einem Schirm oder ducken Sie sich hinter einer Parkbank oder einem Baum (aber so, dass das Baby Ihren Körper noch sehen kann). Strecken Sie dann den Kopf vor und ziehen Sie ein lustiges Gesicht.

Rein und raus

Ihr neugieriges Baby hat Spaß daran, Dinge in eine Schachtel oder einen Korb zu legen und wieder herauszunehmen. Helfen Sie ihm eine Schuhschachtel mit Spielzeug zu füllen. Lassen Sie es dann alles wieder herausholen, auf den Boden legen und die Schachtel von Neuem einräumen.

Gut gemacht!

Spiele zum Thema Ursache und Wirkung stehen bei Ihrem Baby hoch im Kurs. Lassen Sie es die Türglocke drücken und hören Sie zu, wie es klingelt. Helfen Sie ihm, ein Spielzeug einen gewundenen Weg hinaufzurollen, oder zeigen Sie ihm, wie es die Knöpfe seines Schachtelteufels drücken muss. Erklären Sie Ihrem Baby, was es wie bewirkt hat.

Ihr Baby mit …

9–10 Monaten

Ihr Baby wird immer **mobiler** und *neugieriger*, sein **Spiel** wird *wagemutiger*. Dieser Monat ist sehr **bedeutend**, denn es lernt jetzt seine **Finger** wie eine *Pinzette* zu benutzen. Das führt dazu, dass es auch lernt Dinge *fallen zu lassen* und zu *werfen*. Vielleicht übt es auch schon zum Abschied zu *winken*, und vielleicht *zeigt* es auf Dinge, die es haben will. Es strengt sich sehr an mit Ihnen zu *kommunizieren* und vielleicht **sagt es bald** »Mama« und »Papa«.

Ihr Baby
kann wahrscheinlich schon:

- Dinge aufheben, fallen lassen und werfen
- kichern und lachen
- Daumen und Zeigefinger wie eine Pinzette benutzen
- zum Abschied winken
- auf seinen Namen reagieren
- sich mit Ihnen »unterhalten« und dabei abwechselnd brabbeln und zuhören

Manche Babys können sogar:

- »Mama« und »Papa« sagen
- mit dem Finger zeigen

Lieblingsalbum

Füllen Sie ein Album mit Fotos von den Lieblingsorten und -aktivitäten Ihres Kindes. Sie können gemeinsam die Bilder betrachten und sich darüber austauschen. Wenn Ihr Kind größer ist, kann es sich in diesem Album aussuchen, was es gern tun oder wohin es gern fahren möchte.

Körper und Geist

Nutzen Sie die regelmäßigen Tagesschläfchen Ihres Kindes, um das zu tun, worauf Sie selbst Lust haben. Sie werden die Zeit mit dem Baby mehr genießen, wenn Sie Ihre Batterien aufladen, indem Sie hin und wieder eigenen Interessen nachgehen. Vielleicht möchten Sie in Ruhe die Zeitung lesen, über eine neue Geschäftsidee nachdenken oder eine Sprache lernen.

Eine Wippe für Teddy

Macht es dem Baby Spaß, Spielzeug fallen zu lassen und zu werfen, legen Sie eine dicke Papprolle auf den Boden und darüber ein längliches dünnes Brett. Setzen Sie einen Teddy auf das eine Ende des Brettes, drücken Sie mit Schwung das andere Ende herab und schauen Sie zu, wie der Teddy durch die Luft fliegt. Sammeln Sie ihn dann gemeinsam wieder ein. Dem Baby gefällt das – und obendrein übt es auch noch ein Objekt mit den Augen zu verfolgen und lernt seine Spielsachen aufzuheben.

Nachwuchsgärtner

Füllen Sie eine Kindergießkanne mit Wasser und helfen Sie dem Baby, sie am Griff festzuhalten. Zeigen Sie ihm, wie es damit den Blumen im Garten Wasser geben kann. Ein leicht erhöhtes Blumenbeet ist ideal, da es sich dann anlehnen kann. Falls Ihr Baby noch nicht stehen kann, nehmen Sie es auf den Schoß und lassen Sie es von dort aus die Pflanzen gießen. Das Baby liebt es, Ihnen bei dieser aufregenden Sache zu helfen. Vielleicht versucht es sogar mit Ihnen Unkraut zu jäten. Eine gute Übung für die manuelle Geschicklichkeit!

Der Wassergarten

Wenn Sie nicht ins Freie können, schaffen Sie einen Wassergarten. Füllen Sie dazu eine flache Plastikschale mit etwas Wasser und lassen Sie verschiedene Blütenköpfe darin schwimmen. Kapuzinerkresse, Gänseblümchen, Schnittlauchblüten und andere ungespritzte essbare Blüten sind ideal. Ein paar kleine Plastikenten dazu, und Ihr Baby wird sich damit vergnügen im Wasser herumzuspritzen und zu versuchen die Enten mit den Händchen zu erwischen.

Um das Spiel noch abwechslungsreicher zu gestalten, geben Sie etwas Lebensmittelfarbe ins Wasser und beobachten Sie beide, wie sie sich darin ausbreitet. Geben Sie eine weitere Farbe hinein und schauen Sie zu, wie sich das Wasser verändert.

Ein besonderer Snack

Bereiten Sie eine gesunde Zwischenmahlzeit zu, die allen schmeckt. Wie wäre es mit einem Guacamole-Dip, den Sie und Ihr Baby gemeinsam essen? Erwachsenen können Sie zusätzlich auch scharfe Saucen anbieten.

- Das Fleisch von zwei Avocados aus der Schale kratzen. Zusammen mit zwei Teelöffeln Zitronensaft zerdrücken.
- Eine Tomate schneiden und zur Avocadomischung hinzugeben.
- Vorsichtig verrühren und in eine Servierschüssel umfüllen.
- Toast oder Pitabrot in längliche Scheiben schneiden. Zusammen mit kurz gedämpften Möhren, Paprika- und Gurkenstreifen anrichten.

MONAT 10

Garderobe auffrischen

Wenn sich Ihr Körper seit der Geburt etwas verändert hat, sollten Sie vielleicht Ihren Kleiderschrank ausmisten. Sortieren Sie Ihre Kleidung so, dass Sie Ihre Lieblingsstücke im Blick und stets griffbereit haben. Trennen Sie sich von Kleidung, die Ihnen nicht mehr passt. Falls Sie gern in Second-Hand-Läden stöbern, könnten Sie sich einmal pro Woche zusammen mit dem Baby auf die Suche nach bewährten Kleidungsstücken in Ihrer neuen Größe machen. Oder Sie gönnen sich einfach mal was Neues – ganz wie Sie möchten.

Versteckte Musik

Ihr Baby lernt gerade das, was man als Objektpermanenz bezeichnet: Dass Dinge noch da sein können, auch wenn es sie nicht sehen kann. Ziehen Sie eine Spieluhr auf und verstecken Sie sie unter einer Decke, sodass Ihr Baby sie noch gut hören kann. Fragen Sie es, woher die Musik kommt, und machen Sie sich gemeinsam mit ihm auf die Suche danach. Loben Sie Ihr Baby, wenn es die Spieluhr findet. Sobald das Baby das Spiel begriffen hat, wählen Sie andere Orte, um die Spieluhr zu verstecken, etwa hinter einem Sessel oder unter Kissen.

Meeresflasche

Füllen Sie eine kleine Plastikflasche zu drei Vierteln mit Wasser. Färben Sie das Wasser mit blauer Lebensmittelfarbe hellblau. Geben Sie ein paar kleine Muscheln und bunte Plastikfische hinein. Wenn Sie keine zur Hand haben, basteln Sie aus Alufolie einfache Fischformen. Verschließen Sie die Flasche sorgfältig und zeigen Sie Ihrem Baby, wie es die Flasche schütteln muss, um kleine Blubberblasen zu erzeugen und die Fische zum Schwimmen zu bringen.

Imbiss mit Teddy

Egal, ob Sie bei schönem Wetter draußen sind oder sich bei Regen in der Wohnung aufhalten: Ihr Baby liebt es, mit Ihnen und seinen Stofftieren auf dem Teppich oder einer Decke zu sitzen und ein Picknick zu machen. Geben Sie Ihrem Baby, sich selbst und allen Stofftieren einen Plastikteller mit kindgerechten Snacks. Eine prima Methode, das Baby mit Rollenspielen vertraut zu machen.

Tipps & Ideen

Gemeinsame Sache

Besuchen Sie das Rathaus, die Leihbücherei oder ein Freizeitzentrum, um sich über deren Angebote an Eltern-Kind-Aktivitäten zu informieren. Das können zum Beispiel Spielgruppen oder Vorlesestunden sein, aber auch Schwimmunterricht.

Wichtige Wörter

Stellen Sie Ihrem Baby beim gemeinsamen Spielen oder Essen Fragen wie »Mehr?« oder »Fertig?«. Heben Sie dabei die Stimme und neigen Sie den Kopf. Solche Begriffe sind Bestandteil seines ersten Wortschatzes. Sie helfen ihm auszudrücken, was es möchte.

Austausch

Wenn Sie und Ihr Partner keine Lust haben, ewig dieselben Hausarbeiten zu machen, tauschen Sie doch einfach mal untereinander für eine Woche.

MONAT 10

Vorgemerkt

30

Ihr Baby ist jetzt alt genug, um hin und wieder bei den Großeltern oder nahen Verwandten zu übernachten, sodass Sie den Abend für sich haben und gemeinsam mit Ihrem Partner ausgehen können. Haben Sie dazu keine Lust, laden Sie einfach ein paar Freunde zu einer geselligen Runde bei Ihnen zu Hause ein.

Innen & Außen

Vertiefen Sie mit Ihrem Baby das Konzept von »innen« und »außen«, zum Beispiel indem Sie gemeinsam einen Brief einwerfen, Spielzug in eine Kiste ein- und wieder ausräumen oder mit einem Formensortierer spielen.

Junge Musiker

Zeigen Sie Ihrem Baby, wie es die Tasten eines echten oder eines Spielzeugklaviers drücken muss, um Töne zu erzeugen.

Eigenschaftswörter

Wenn Sie mit dem Baby unterwegs sind und ihm erzählen, was Sie sehen, fügen Sie Eigenschaftswörter wie »hoher Baum«, oder »schneller Bus« hinzu, um die Sprachentwicklung Ihres Babys zu fördern.

Fallen lassen

Ihr Baby liebt es, Dinge fallen zu lassen. Machen Sie sich das beim Aufräumen zunutze, indem Sie es auf den Schoß nehmen und es von dort aus Spielsachen in die Kiste oder Socken in eine offene Schublade fallen lassen.

Lärm machen

Zeigen Sie Ihrem Baby, wie es mit jeder Hand eine Plastiktasse am Griff halten und beide dann zusammenschlagen kann. Das hilft ihm, das Prinzip von Ursache und Wirkung zu verstehen.

Familien-treffen

Stärken Sie die Bindung Ihres Babys zu Tanten, Onkeln, Cousins und Cousinen, indem Sie ein Familientreffen arrangieren. Das kann zum Beispiel ein gemeinsames Picknick, ein Grillfest oder ein großer Sonntagsbrunch sein. Ihr Baby muss jetzt nicht mehr in Ihren Armen liegen, um sich geborgen zu fühlen. Trotzdem sollten Sie in der Nähe bleiben, während es seine Verwandtschaft kennenlernt.

Laute und Gefühle

Das Baby kommuniziert gern mit Ihnen und auch seine Fähigkeit zuzuhören wächst. Führen Sie neue Laute ein, die Sie häufiger wiederholen und die ihm helfen, sich verständlich zu machen. Sagen Sie zum Beispiel, wenn ein Spielzeug umkippt: »Oh je, Teddy ist umgefallen!«, oder »Aha, hier ist der Brummkreisel!«.

Tunnel für die Sinne

Ihr Baby wird immer abenteuerlustiger und möchte die Welt um sich herum erforschen. Wenn es Spielzeugtunnel mag, können Sie ihm einen Tunnel für die Sinne basteln. Öffnen Sie mehrere gleich große Kartons an den schmalen Seiten und schieben Sie sie ineinander, sodass Ihr Baby leicht hindurchkriechen kann. Machen Sie oben ein paar kleine Löcher hinein und schieben Sie verschiedene Strümpfe hindurch, sodass sie in unterschiedlicher Länge in den Tunnel hineinhängen. Sie können vorher einige davon mit zerknülltem Zeitungspapier oder anderen leichten Dingen ausstopfen. Fixieren Sie die Strümpfe oben mit einem dicken Knoten. An den Seiten der Kartons können Sie Gucklöcher anbringen, sodass Ihr Kind Sie immer wieder sehen kann, während es durch den Tunnel kriecht.

Gefühle ausdrücken

Ihr Baby lernt etwas über Gefühle, indem es beobachtet, wie Sie in unterschiedlichen Situationen reagieren. Es wird Sie bald nachahmen und Ihnen seine Gefühle durch Verhalten und Körpersprache mitteilen. Bringen Sie ihm das Konzept näher, indem Sie ihm ein paar Ihrer eigenen Gefühle – glücklich, überrascht, traurig – auf ganz einfache Weise demonstrieren.

Koffer-sandkasten

Holen Sie einen stabilen alten Koffer vom Dachboden oder kaufen Sie einen im Second-Hand-Laden. Achten Sie darauf, dass sich der Deckel dicht verschließen lässt. Legen Sie eine Matte auf den Boden, den geöffneten Koffer darauf und schütten Sie etwas Sand hinein. Setzen Sie das Baby in den Koffer. Bedecken Sie seine Hände und Füße mit etwas Sand und tun Sie überrascht, wenn sie plötzlich zum Vorschein kommen. Sie können ihm auch zeigen, wie man mit dem Finger Muster in den Sand zeichnet.

Das hat Geschmack

Bevor Ihr Baby in die Phase kommt, wo es nur noch das isst, was es kennt, sollten Sie die Zeit nutzen, um sein Geschmacksspektrum zu erweitern. Wechseln Sie ab zwischen süßen und sauren, milden und würzigen Speisen. Das kann zum Beispiel geriebener Käse sein und danach Mango. Oder Hüttenkäse und Bananenbrot, hartgekochtes Ei und Apfel, Putenfleisch und Kiwi.

Tiere pflücken

So trainieren Sie die Handkoordination Ihres Babys: An einem Streifen doppelseitiges Klebeband, den Sie auf ein Stück Pappe geklebt haben, befestigen Sie mehrere kleine Stofftiere. Fordern Sie dann das Baby auf, die Tiere abzupflücken (in diesem Alter sind weiche Stofftiere für Ihr Baby am sichersten und leichtesten zu greifen).

Musikalische Runde

Auch wenn Ihr Baby noch viel zu klein ist, um gemeinsam mit anderen Kindern zu spielen, beginnt es jetzt schon großes Interesse an anderen Personen in seiner Umgebung zu zeigen. Laden Sie andere Mütter mit Babys zu einer musikalischen Spielrunde ein. Setzen Sie sich dazu mit den Babys auf dem Schoß im Kreis auf den Boden und singen Sie gemeinsam Kinderlieder, bei denen alle mitmachen können. Es wird sicher viel zu lachen geben und die Babys werden Spaß daran haben, alles zu beobachten.

Halten Sie am besten Rasseln, Klappern und andere kleine Instrumente bereit, mit denen die Babys spielen können.

Elefanten-Lied

Was müssen das für Bäume sein,
wo die großen (*Arme nach oben strecken*)
Elefanten (*eine Hand an die Nase, den anderen Arm durch die Öffnung stecken*) spazieren geh'n,
ohne sich zu stoßen?
Rechts (*rechten Arm ausstrecken*) sind Bäume,
links (*linken Arm ausstrecken*) sind Bäume,
und dazwischen Zwischenräume
(*Arme nach vorne ausstrecken*),
wo die großen
Elefanten spazieren geh'n,
ohne sich zu stoßen.

Es klappert die Mühle

Es klappert die Mühle
am rauschenden Bach:
Klipp, klapp! (*in die Hände klatschen*)
Bei Tag und bei Nacht
ist der Müller stets wach:
Klipp, klapp! (*in die Hände klatschen*)

Er mahlet uns Korn
zu dem kräftigen Brot (*Kreisbewegung mit den Händen machen*),
und haben wir dieses,
so hat's keine Not! (*Hand zum Mund führen, als ob man isst*)
Klipp, klapp, klipp, klapp, klipp, klapp!
(*in die Hände klatschen*)

Steh' auf!

Wahrscheinlich kann Ihr Baby schon mit etwas Unterstützung aus dem Sitzen aufstehen. Ermuntern Sie es, das auch ohne Hilfe zu tun, indem Sie Spielzeug knapp außerhalb seiner Reichweite etwas erhöht auf das Sofa oder einen Stuhl legen. So muss es aufstehen, um das Spielzeug in die Hand nehmen zu können.

Formen-sortierer

Kaufen oder leihen Sie ein paar einfache Formensortierer und helfen Sie Ihrem Baby, die Formen in die dafür vorgesehenen Löcher zu stecken.

Alles bewegt sich

Ihr Baby findet bewegliche Objekte unwiderstehlich, denn es lernt dadurch etwas über Ursache und Wirkung. Sicher schiebt es schon Spielzeugautos und -züge über den Boden (wenn nicht, fängt es bald damit an). Auch ein Perlenlabyrinth ist faszinierend. Zeigen Sie Ihrem Baby, wie man die Perlen am Draht entlangschiebt, und lassen Sie es dann selbst probieren.

Sprechrolle

Halten Sie eine Papprolle an das Ohr Ihres Babys und flüstern Sie leise hinein. Es wird den Kopf drehen, um herauszufinden, woher das Geräusch kommt, und um zu hören, was Sie ihm sagen. Lassen Sie es dann selbst in die Papprolle sprechen. So vermitteln Sie ihm das Konzept von Geben und Nehmen. Für einen zusätzlichen Sinneseindruck sorgen Sie, wenn Sie die Papprolle beim Flüstern an die Haut Ihres Babys halten, sodass es Ihren Atem spüren kann.

MONAT 10

Ihr Baby mit ... 10–11 Monaten

In diesem Alter lernt Ihr Baby richtig mit Spielsachen zu *spielen*, zum Beispiel Autos über den Boden zu **schieben** und **Formen** in die korrekten Öffnungen zu **sortieren**. Das stärkt unter anderem auch sein *Selbstvertrauen*. Es versucht noch *mobiler* zu werden und **allein zu stehen**. Und es setzt seine **Kommunikationsfähigkeiten** ein, um an der Welt *teilzuhaben*.

Ihr Baby

kann wahrscheinlich schon:

- mit Hilfe aufrecht stehen
- Konzepte wie »innen« und »außen« verstehen
- ein paar seitliche Schritte machen, wenn es sich an Möbeln festhält

- mit dem Finger deuten
- Objekte in seiner Hand bewusst loslassen
- Formensortierer und bewegliches Spielzeug benutzen

Manche Babys können sogar:

- aus einer Tasse trinken

Fingermalkunst

Babys finden es faszinierend, etwas zu bewirken – und ganz sicher wird es Ihrem Baby gefallen, mit den Händen zu malen. Das Spiel mit Farben fördert außerdem sein Selbstvertrauen und die Fähigkeit, sich selbst auszudrücken.

Rezept für ungiftige, essbare Farbe

- Verrühren Sie 4 Esslöffel Mehl mit kochendem Wasser. Die Mischung dickt schnell ein, deshalb geben Sie so lange Wasser dazu, bis sie eine cremige Konsistenz hat. Verteilen Sie sie auf mehrere Schüsseln und färben Sie sie mit Lebensmittelfarben ein. Lassen Sie die Masse abkühlen.
- Legen Sie eine abwischbare Matte auf den Boden oder den Tisch und kleben darauf ein großes Blatt Papier fest.
- Ziehen Sie Ihrem Baby alte Sachen an (oder sein Oberteil aus). Stellen Sie ihm alle Farbschüsseln gleichzeitig oder eine nach der anderen hin, sodass es mit seinen Händen und Fingern malen kann.

Die Kreativität Ihres Babys fördern

- Zeigen Sie Ihrem Baby, wie es auf dem Papier Abdrücke hinterlassen kann. Es kann dazu Daumen, Finger oder die ganze Hand benutzen. Verwandeln Sie dann die Abdrücke mithilfe eines Filzstiftes in Fische, Vögel, Blumen, Marienkäfer oder Grashüpfer.
- Tauchen Sie einen Stoffstreifen in die Farbe, den Ihr Baby über das Papier ziehen kann.
- Erzeugen Sie einen Spiegelabdruck, indem Sie das Papier in der Mitte falten und beide Hälften zusammenpressen. Enthüllen Sie das Kunstwerk mit großem »Tadaa!«

Erste Schritte

Wahrscheinlich wird Ihr Baby immer häufiger versuchen auf die Beine zu kommen. Bald fängt es an zu laufen! Helfen Sie ihm sich sicher an Möbeln entlangzuhangeln, indem Sie ein paar robuste Kinderstühle nebeneinander stellen. So kann es ein paar Schritte seitwärts machen und sich dabei an den Stühlen festhalten. Spornen Sie es an, indem Sie ein Spielzeug auf den am weitesten entfernten Stuhl legen.

Mahlzeit!

Essen macht Ihrem Baby noch mehr Spaß, wenn Sie es ihm in Form von lustigen Gesichtern servieren, bevor Sie es in mundgerechte Stücke schneiden. Verwenden Sie dazu halbierte Kirschtomaten, grob geriebenen Käse, gekochte Möhren, Erbsen und Nudeln oder halbierte Bananen, Erdbeeren und Trauben.

Der Himmel bei Nacht

Das Interesse und Verständnis Ihres Babys für seine Umwelt wird immer größer. Betrachten Sie mit ihm vor dem Zubettgehen den Nachthimmel und zeigen Sie ihm den Mond und die Sterne. Oder betrachten Sie mit ihm ein Buch mit Bildern vom Mond und den Sternen. Erkären Sie ihm, was das ist, und singen Sie ihm ein Abendlied wie dieses hier vor:

Der Mond ist aufgegangen,
die goldnen Sternlein prangen
am Himmel hell und klar;
der Wald steht schwarz und
schweiget,
und aus den Wiesen steiget
der weiße Nebel wunderbar.

Nachthimmel-Mobile

Ein Mobile mit Mond, Sternen und Wolken, die über dem Bett schweben, wird Ihr Kind sanft in den Schlaf begleiten.

- Kaufen Sie einen Mobile-Rahmen mit vorgebohrten Löchern (online oder im Bastelladen) oder verwenden Sie einen bemalten Stab oder einen Kleiderbügel.
- Zeichnen Sie Mond, Sterne und Wolken auf Pauspapier und heften Sie sie auf farbigen Filz. Schneiden Sie jede Form zweimal aus. Alternativ können Sie die Formen auch auf etwas stärkeren Karton zeichnen und sie dann zum Beispiel golden und silbern ausmalen.
- Nähen Sie je zwei passende Filzformen zusammen, aber lassen Sie oben 2,5 cm offen. Stopfen Sie die Formen mit Watte aus, die Sie mit einem Stift gleichmäßig verteilen. Nähen Sie die Formen dann zu.
- Befestigen Sie mithilfe einer Nadel oben an jeder Form einen Faden.
- Ordnen Sie die Formen rund um das Mobile an und binden Sie sie gut fest, sodass sie frei herabhängen.
- Hängen Sie das Mobile außerhalb der Reichweite Ihres Kindes auf.

Der erste Strandurlaub

Selbst wenn es nur ein oder zwei Nächte in einem kinderfreundlichen Hotel oder auf einem Zeltplatz sind: Ein gemeinsamer Urlaub ist eine aufregende Sache!

Vergessen Sie nicht, Sonnencreme mit einem Lichtschutzfaktor von mindestens 30 und einen Sonnenhut für Ihr Baby einzupacken. Außerdem ein paar handliche Snacks wie Reiswaffeln für unterwegs. Für den Strand nehmen Sie am besten einen Sonnenschirm oder eine Strandmuschel mit, die dem Baby, vor allem während es schläft, Schatten spenden. Vergessen Sie für den perfekten Tag am Meer Sandspielsachen und einen kleinen Ball nicht!

Kleiner Koch

Setzen Sie Ihr Kind in seinen Hochstuhl und lassen Sie es zuschauen, während Sie kochen. Bereiten Sie Salat zu, geben Sie ihm geraspelte Karotten und Rosinen oder Couscous und rote Paprika, die es in seiner eigenen Plastikschüssel mit einem kleinen Kochlöffel vermischen darf. Kochen Sie Pastasauce, legen Sie ihm ein paar halbierte Kirschtomaten, geriebenen Käse oder Gurkenstücke in die Schüssel. Erzählen Sie ihm, was Sie gerade tun und warum. Es wird ihm gefallen, Sie nachzuahmen. Nebenbei trainiert es noch seine Handkontrolle!

Sortiere und tausche

Setzen Sie sich mit Ihrem Baby auf dem Schoß an den Tisch und stellen Sie zwei leere Schalen aus Plastik vor es hin. Legen Sie in die eine Schale ein paar Zitronen und Mandarinen und zeigen Sie ihm, wie es sie in die andere Schale legen kann. So lernt Ihr Kind ganz spielerisch etwas über das Konzept von »voll« und »leer«. Sie können es auch auf die verschiedenen Farben hinweisen.

Abwasch macht Spaß

Da sich Ihr Baby immer stärker für seine Umgebung interessiert und Sie gerne nachahmt, lassen Sie es doch mal den Abwasch machen! Stellen Sie eine Plastikschüssel mit etwas Seifenwasser und Plastikgeschirr auf den Boden und zeigen Sie ihm, wie Sie abspülen. Dann darf es selbst probieren und sich mit dem Wasser vergnügen.

Lustiges Strecken

Setzen Sie sich so hin, dass Ihr Baby Sie gut sehen und nachmachen kann, während Sie diese Verse aufsagen und sich dazu bewegen. Wiederholen Sie das Ganze und helfen Sie dem Baby, sich auch zu strecken:

- Streck' dich hoch so wie ein Turm.
  (Arme über den Kopf strecken)
- Mach' dich klein wie'n Regenwurm.
  (Mit den Armen um die Knie einrollen)
- Gähnen muss die *(der)* kleine Süße,
  (Ausgiebig gähnen)
- Lockern Hände und auch Füße,
  (Hände und Füße schütteln)
- Mach' die lieben Äuglein zu,
  leg' den Kopf ganz sanft
  zur Ruh.
  (Hände zusammenlegen und den Kopf darauf betten).

Wäsche auf der Überholspur

Verschwenden Sie nicht die kostbare Zeit von Babys Mittagsschlaf mit dem Wäschewaschen. Machen Sie diesen Teil der Hausarbeit lieber zu einem gemeinsamen Spiel:

- Stellen Sie den Wäschekorb auf den Boden und setzen Sie das Baby hinein. Decken Sie es mit einem sauberen Geschirrhandtuch zu und tun Sie so, als ob Sie es nicht finden könnten. Es wird vor Freude kichern, wenn Sie sagen »Wo ist denn nur mein Kind?«, und fröhlich loskreischen, wenn Sie es dann schließlich »entdecken«.
- Verwandeln Sie den Wäschekorb danach in ein Auto, das Sie mit passenden Geräuschen durch das Zimmer ziehen. Stoppen Sie nach jeder »Runde«, um Wäsche aufzuhängen, zusammenzulegen oder um die Waschmaschine auszuleeren. Sagen Sie dabei jedes Mal »Boxenstopp!« und beschreiben Sie, was Sie gerade tun.
  Ihr Kind wird die kleinen Pausen schnell als Teil des Spiels akzeptieren.

Tipps & Ideen

Im Takt schlagen

Klopfen Sie auf einem umgedrehten Topf einen einfachen Rhythmus und warten Sie ab, ob Ihr Baby versucht ihn zu wiederholen. Steigern Sie das Ganze auf zwei bis drei Takte.

Haushaltshilfe

Ihr Baby hat Spaß daran, alltägliche Arbeiten auszuprobieren. Lassen Sie es zum Beispiel seinen Teddy wickeln (dem Sie vorher eine Wegwerfwindel angezogen haben). Es kann auch helfen, Spielzeug in eine Kiste zu räumen oder den Tisch abzuwischen.

Ringe jeder Größe

Fördern Sie Babys Hand-Augen-Koordination, indem Sie es bitten größere Plastik-Wurfringe über Ihren Arm zu schieben – oder kleinere Ringe auf den Stiel eines Kochlöffels.

Der Babysitterkreis

Gründen Sie einen Babysitterkreis, in dem jeder die Vorzüge vertrauenswürdiger Aufsichtspersonen genießt, ohne dafür bezahlen zu müssen. Am besten tun sich hier Menschen zusammen, die zu verschiedenen Tageszeiten einsatzbereit sind.

Festgeklebt

Setzen Sie sich mit dem Partner Rücken an Rücken auf den Boden und fordern Sie das Baby auf, sich zwischen Sie zu quetschen und Sie zu trennen. Ist es ihm gelungen, kitzeln und kosen Sie es.

Toooooor!

Verwandeln Sie einen großen Karton in ein Tor und lassen Sie Ihr Baby einen Softball hineinrollen. Rufen Sie begeistert »Tooooor!«, wenn es hineintrifft.

Auswickeln

Wickeln Sie ein kleines Spielzeug in ein Handtuch. Lassen Sie es von Ihrem Baby auswickeln. Fragen Sie, was es darin entdeckt hat. Nennen Sie dann den Namen des Spielzeugs.

Name & Ton

Dinge zu benennen kann Spaß machen. Sagen Sie erst den »echten« Namen und ahmen Sie dann das Geräusch nach, das das Objekt verursacht. Etwa so: »Das ist ein Auto und es macht brummbrumm.«

Verstecken

Für diese fortgeschrittene Version des Versteckspiels bitten Sie ein älteres Kind oder einen Erwachsenen sich im Zimmer zu verstecken. Fragen Sie dann das Baby, wo die Person ist, und helfen Sie ihm sie zu finden. Natürlich kann auch ein Teddy versteckt und gesucht werden.

Bewegte Bilder

Bekleben Sie einen großen zylindrischen Behälter oder eine Röhre mit bunten Fotos oder Bildern aus Zeitschriften. Wählen Sie Motive, die Ihr Kind kennt, wie zum Beispiel Tiere, Spielsachen und Personen. Schützen sie die Bilder mit transparenter Klebefolie und helfen Sie dem Baby, die Röhre über den Boden rollen zu lassen. Kommt sie zum Stillstand, deuten Sie auf das Bild, das zu sehen ist, und sprechen darüber.

Fliegende Drachen

Ihr Kind möchte im Freien Abenteuer erleben. Erweitern Sie seinen Horizont und regen Sie seine Sinne an, indem Sie an einem windigen Tag gemeinsam Drachen am Himmel beobachten – oder sogar selbst einen steigen lassen. Nehmen Sie einen kleinen Kinderdrachen und helfen Sie ihrem Baby, ihn von seinem sicheren Sitz im Buggy aus festzuhalten. Halten Sie die Schnur in Ihren Händen und legen Sie diese dann über seine. Achtung: Befestigen Sie die Schnur niemals am Buggy oder an der Hand des Kindes!

MONAT 11

Butzemann hüpft

Stellen Sie Ihr Baby auf ein Bett, halten Sie es gut um die Mitte fest und lassen Sie es auf und ab hüpfen, während Sie das abgewandelte Lied vom Bi-Ba-Butzemann singen:

Es tanzt ein **Bi-Ba-Butzemann**
auf unserm Bett herum, dideldum,
Es tanzt ein Bi-Ba-Butzemann auf unserm Bett herum.

Er **rüttelt** sich, er **schüttelt** sich,
er **wirft sein Säckchen** hinter sich.
Es tanzt ein Bi-Ba-Butzemann
auf unserm Bett herum.

Becherspiel

Schütten Sie ein paar Zerealien in zwei Plastikbecher. Zeigen Sie Ihrem Baby, wie es sie von einem Becher in den anderen schütten kann, und lassen Sie es das dann selbst versuchen. Es wird viele Anläufe brauchen, bis es ihm gelingt, seine Handbewegungen richtig zu koordinieren, aber es wird mit Feuereifer bei der Sache sein – vor allem, wenn es einen Teil der Zerealien essen darf.

Gefühle lernen

Je unverkrampfter Sie selbst in Gegenwart Ihres Kindes mit Ihren eigenen Emotionen umgehen, desto leichter wird es Ihrem Kind fallen, selbst Gefühle auszudrücken. Drücken Sie den Teddybären, um Zuneigung zu zeigen. Zeigen Sie Ihre Gefühle offen durch Ihre Mimik und beschreiben Sie, was Sie gerade tun und fühlen. Geben Sie dann den Teddy an Ihr Kind weiter, damit es ihn auch drücken kann. Oder lächeln Sie Ihr Kind an und sagen Sie ihm, dass Teddy jetzt mit ihm ein Buch anschauen möchte.

Mit Stofftieren lassen sich auch gut Emotionen in Geschichten darstellen. Hören Sie dann auf zu lesen und benutzen Sie das Stofftier, Ihre eigene Mimik und Körpersprache, um Ihrem Kind die beschriebenen Gefühle zu vermitteln.

Bumm!

Setzen Sie sich Ihrem Kind gegenüber auf den Boden, eine Waschschüssel zwischen sich. Werfen Sie abwechselnd einen Bohnenbeutel oder einen Ball in die Schüssel. Sagen Sie »Bumm!«, wenn der Ball auf den Boden der Schüssel trifft, das bringt Ihr Baby zum Lachen. Streuen Sie etwas Mehl in die Schüssel, um das Prinzip von Ursache und Wirkung noch etwas besser zu verdeutlichen.

Platschball!

Ihr Baby versteht Konzepte wie »innen« und »außen« jetzt immer besser. Verdeutlichen Sie das Prinzip noch zusätzlich, indem Sie eine lange Pappröhre, in die ein kleiner Ball hineinpasst, über eine Schüssel mit Wasser halten. Zeigen Sie dem Baby, wie es den Ball hineinstecken muss, damit er am anderen Ende hinausrollt und ins Wasser plumpst. Beschreiben Sie, wie schnell oder langsam der Ball durch die Röhre rollt. Ihr Baby findet den Vorgang sicher sehr spannend.

Boden-Kunst

Wenn Sie keinen Platz haben, den Boden mit Papier abzudecken (siehe rechts), schneiden Sie die Form eines Babys aus einem großen Stück Karton aus und führen Sie die Hand Ihres Kindes, wenn es Mund, Nase, Augen und Haare aufzeichnet. Vielleicht möchte es Ihnen beim Ankleben der Kleidung helfen. Verwenden Sie daher lösemittelfreien Kinderbastelkleber. Sprechen Sie beim Basteln über die Figur, die Sie darstellen wollen.

Kritzeln und Malen auf Papier macht nicht nur Spaß, sondern es verbessert auch die feinmotorischen Fähigkeiten, weil es die kleinen Fingermuskeln trainiert. Außerdem stärkt es die Hand-Augen-Koordination. Kaufen Sie extra dicke Kinder-Wachsmalstifte und eine billige Rolle Papier (eine Tapetenrolle tut es auch). Breiten Sie das Papier auf dem Boden aus und kleben Sie es an den Rändern fest.

- Helfen Sie Ihrem Baby (wenn es das möchte) auf das Papier zu malen.
- Legen Sie es auf das Papier und zeichnen Sie seine Umrisse nach, die das Baby dann ausmalen kann.
- Malen Sie einfache Formen und Muster und benennen Sie sie.
- Schneiden Sie am Schluss ein paar Kunstwerke des Babys aus und kleben Sie sie in ein Sammelalbum.

Rennbahn

Wenn Ihr Baby Autos und anderes Spielzeug mit Rädern liebt, erschaffen Sie eine kleine Rennstrecke aus verschiedenen Materialien, auf der es erkunden kann, wie schnell oder langsam sein Spielzeug fährt.
Legen Sie eine große Matte auf den Boden. Falten Sie ein Stück dicke Pappe in der Mitte. Die eine Hälfte beziehen Sie mit Klarsichtfolie, sodass sie glatt und rutschig wird. Positionieren Sie den gefalteten Karton als Rampe auf der Matte und vor der glatten Seite ein Tablett mit etwas feinem Sand.
Sprechen Sie über die verschiedenen Materialien und Geschwindigkeiten, während Sie Ihrem Baby zeigen, wie es das Auto über die Kartonrampe und auf der glatten Seite hinabrutschen lassen kann, bis es schließlich vom Sand gebremst wird und zum Stillstand kommt.

Erinnerungsspiel

Legen Sie zwei Klötze mit unterschiedlichen Farben und Formen vor Ihr Baby hin. Beschreiben Sie einen der Klötze, während Sie ihn aufheben: »Das ist der große, gelbe Klotz.« Dann verstecken Sie ihn hinter Ihrem Rücken. Fragen Sie das Baby, wo der Klotz ist. Hat es ihn gefunden, wiederholen Sie das Ganze mit dem anderen Klotz.

Farbenjagd

Kleben oder malen Sie vier verschiedenfarbige Quadrate auf ein großes Stück Karton. Legen Sie dies auf den Boden und machen Sie sich mit dem Baby im Haus auf die Suche nach verschiedenen Dingen, die farblich zu den Quadraten passen, etwa eine Zitrone für das gelbe Quadrat oder ein blauer Schwamm für das blaue Quadrat. Erzählen Sie Ihrem Baby, welche Farben Sie suchen. Es kann Farben nämlich schon gut unterscheiden, auch wenn es noch zwei Jahre dauern wird, bis es sie benennt.

Ihr Baby mit ...
11–12 Monaten

Der **erste Geburtstag** naht und Sie staunen sicher, welche *Fortschritte* Ihr Baby gemacht hat. Es ist eine einzigartige **Persönlichkeit** voller **Energie** und **Neugier**. Es kann viele *Gefühle* ausdrücken und seine **Aufmerksamkeitsspanne** wächst. Bald wird es anfangen zu *sprechen*, körperlich immer *fitter* werden, seine **Emotionen** noch gezielter zeigen können und jede Menge *Anregung* und **Aufregung** genießen.

Ihr Baby

kann wahrscheinlich schon:

- erste Worte sprechen
- Worte nachahmen
- erste Schritte machen
- versteckte Dinge finden
- Gesten benutzen, etwa den Kopf schütteln, wenn es »Nein« meint
- »Scherze« machen
- Klötze stapeln

Manche Babys können sogar:

- mit dicken Stiften kritzeln
- Rollenspiele spielen

Vorlese-Höhle

Vorlesen zur Schlafenszeit gehört sicher zu den Lieblingsritualen Ihres Kindes. Aber auch tagsüber kann es helfen, von einer aufregenden Aktivität zu ruhigeren Tätigkeiten überzuleiten. Noch schöner wird Vorlesen, wenn Sie dafür eine Höhle bauen, indem Sie Decken über den Esstisch oder das Sofa hängen. Darunter platzieren Sie jede Menge Kissen, damit es richtig gemütlich wird. Die »Wände« der Höhle können zusätzlich mit Büchern oder Schuhen fixiert werden. Kuscheln Sie sich gemeinsam mit Ihrem Kind in die Kissen und lesen Sie ihm im Licht einer Taschenlampe seine liebsten Geschichten vor.

Geburtstagsfeier

Ihr Baby hat bald Geburtstag. Planen Sie eine große Feier mit allen Verwandten und Freunden oder eine kleine mit wenigen ausgewählten Gästen – je nachdem, wie gesellig Ihr Kind ist.

Vergessen Sie nicht, dass es auch Ihr Jahrestag als Eltern und damit ein Grund zum Feiern ist. Wie wäre es, wenn Sie einen Babysitter anrufen und sich zu zweit einen schönen Abend machen?

Versteckter Schatz

Zeigen Sie Ihrem Kind am Strand oder auf dem Spielplatz einen bunten Gegenstand und vergraben Sie ihn vor seinen Augen im Sand. Helfen Sie ihm dann ihn wieder auszubuddeln. Mit der Zeit können Sie dazu übergehen, den Schatz zu vergraben, während es nicht hinsieht. Es weiß jetzt schon, dass Dinge nicht weg sind, nur weil es sie nicht mehr sehen kann.

Scheren-**schnitt**

Ein gerahmter Scherenschnitt vom Profil Ihres Kindes ist ein wunderbares Andenken an seinen ersten Geburtstag und eignet sich auch gut zum Verschenken. Machen Sie dazu ein Foto Ihres Kindes von der Seite. Achten Sie darauf, dass es den Kopf hochhält, damit sein Profil deutlich sichtbar ist.

1 Schneiden Sie gemustertes Papier so zurecht, dass es als Hintergrund für den Scherenschnitt dienen kann.

2 Legen Sie das Pauspapier auf das Foto. Zeichnen Sie anschließend mit einem Bleistift die Umrisse Ihres Kindes nach.

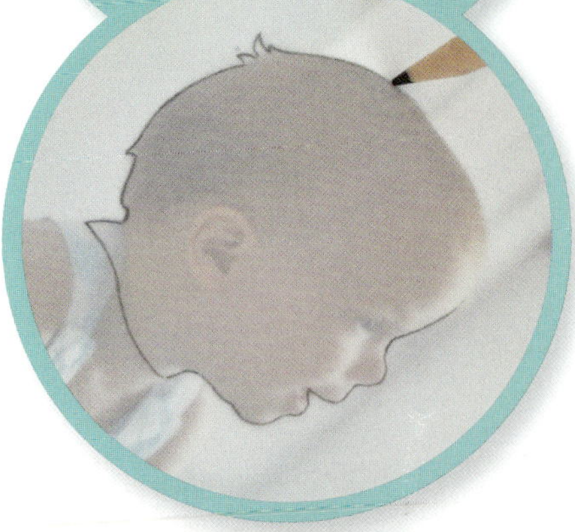

3 Legen Sie die Vorlage auf schwarzes Tonpapier und schneiden Sie die Umrisse sorgfältig aus (am besten auf einer Schneidematte).

4 Kleben Sie den Scherenschnitt mit Sprühkleber in die Mitte des gemusterten Papiers und lassen Sie ihn trocknen, bevor Sie ihn rahmen.

Hütespiel

Ihr Baby ist alt genug, um zu verstehen, dass Sie weiterhin existieren, auch wenn es Sie nicht sehen kann. Es wird deshalb relativ entspannt bleiben, wenn Sie sich der Reihe nach Haushaltsgegenstände wie ein Sieb, eine Schachtel, eine Wollmütze, einen Eimer und ein paar Shorts auf den Kopf setzen. Bringen Sie Ihr Baby zum Lachen, indem Sie lustige Grimassen ziehen und mit alberner Stimme sprechen. Lassen Sie es einige ungefährliche Gegenstände selbst aufsetzen.

Das Babyzimmer umgestalten

Wahrscheinlich hatten Sie den Schlafbereich für Ihr Neugeborenes so neutral und ruhig wie möglich eingerichtet. Jetzt ist es an der Zeit, ihn der Persönlichkeit Ihres Kindes anzupassen. Das kann mit einfachen Mitteln geschehen, etwa indem Sie eine Pinnwand aus Kork mit vielen bunten Bildern aufhängen. Sie können aber auch das komplette Zimmer umdekorieren. Achten Sie darauf, dass die Atmosphäre nach wie vor beruhigend wirkt, sodass Ihr Kind dort gut einschlafen kann.

Eine Ecke für **Bücher**

Ihr Baby lernt gerade, die Seiten eines Buches umzublättern. Es betrachtet gern die Bilder, vor allem, wenn es dabei etwas aufzuklappen gibt oder das Buch Geräusche macht. Richten Sie eine kleine Schmökerecke im Wohnzimmer her. Statten Sie sie mit weichen Kissen und einer hübschen Schachtel mit den Lieblingsbüchern Ihres Kindes aus. Das lädt zum gemütlichen Blättern ein.

Kuschelbär

Ihr Baby freut sich, wenn Sie es mit einer **bärenstarken Umarmung** an die Brust drücken und danach **kitzeln**, bis es lacht.

Eigenes Bällebad

Ihr Baby liebt das Bällchenbad, aber regelmäßige Ausflüge zum Indoorspielplatz sind zu teuer? Legen Sie ein leeres Planschbecken mit alten Decken aus. Platzieren Sie rund herum ein paar Sofakissen am Boden. Füllen Sie das Planschbecken mit kleinen bunten Plastikbällen oder mit Zeitungspapier, das Sie zu Bällchen zerknüllt haben. Setzen Sie Ihr Baby in das Planschbecken und zeigen Sie ihm, wie es mit Armen und Beinen rudern muss, um die Bälle zu bewegen.

Soft-Play-Bereich

Kreide-zeichnung

Mit dicker Kreide lässt sich gut auf Straßenpflaster malen. Ihr Baby sollte die Kreidestücke leicht halten können. Zeigen sie ihm, wie es damit tolle Muster malen kann.

Hand auf Hand

Legen Sie Ihre Hand mit der Handfläche nach unten auf den Tisch. Legen Sie die Hand des Babys auf Ihre. Legen Sie Ihre andere Hand darauf und bitten Sie das Baby, seine zweite Hand ebenfalls darauf zu legen. Ziehen Sie die unterste Hand aus dem Stapel und legen Sie sie ganz oben auf, dann die des Babys.

Tipps & Ideen

Laute bilden

Deutet Ihr Baby auf ein Objekt und versucht es zu benennen, geben Sie ihm Zeit, selbst Laute zu bilden oder zu brabbeln, bevor Sie ihm den Namen des Objekts sagen.

Kleine Helfer

Bitten Sie Ihr Baby um etwas Einfaches, wie »Gib mir bitte die Tasse«. Zeigen Sie darauf, nicken Sie auffordernd und es wird sie Ihnen gern geben.

Kleines Schwätzchen

Auch wenn Ihr Kind beim Brabbeln noch keine richtigen Worte bildet: Tonfall und Rhythmus klingen wie bei einer echten Unterhaltung. Hören Sie aufmerksam zu, wenn es Laute wie »Ta« für »Tasse« benutzt. Halten Sie Augenkontakt und wiederholen Sie im selben Rhythmus, was es gesagt hat. Genießen Sie diese »Konversation« – der komplizierte Prozess der Sprachentwicklung vollzieht sich unglaublich schnell. Erfreuen Sie sich daran, wie weit Ihr Kind schon ist.

Schlittenfahrt

Setzen Sie Ihr Baby auf einen Plastikschlitten oder ein Zinkblech und ziehen Sie es vorsichtig über einen Sandhügel oder – wenn Schnee liegt – durch den Park. Zeigen Sie ihm, wie man mit dem Finger oder einem Stock Figuren in den Sand oder in den Schnee zeichnen kann.

Online-Freunde

Skypen Sie regelmäßig mit Verwandten oder Freunden, während das Baby auf Ihrem Schoß sitzt. So können sie auch aus der Ferne eine Beziehung zueinander aufbauen.

Füll-Spiel

Geben Sie Ihrem Baby eine große Schale mit ungekochtem Reis und dazu ein paar Plastikbecher. Ihr Baby wird Spaß dabei haben, die Plastikbecher mit Reis zu füllen und wieder zu leeren.

Den Horizont erweitern

Ihr Baby begreift allmählich, was Rollenspiele sind. Jetzt ist ein guter Zeitpunkt die Spielzeugkiste auszumisten. Ist Ihr Kind ein Junge, besitzt er wahrscheinlich jede Menge Autos und Züge. Ist es ein Mädchen, sind es vielleicht Puppen und Puppengeschirr. Wie wäre es, mal Spielzeug mit einem Kind des anderen Geschlechts zu tauschen?

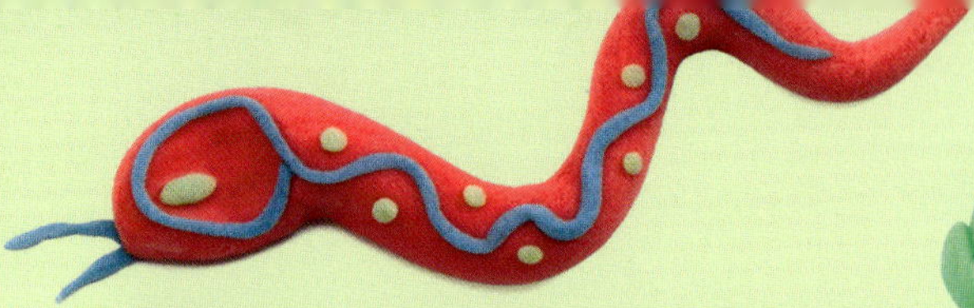

Knetgummi

Selbst hergestellter Knetgummi lässt sich nach Herzenslust quetschen, pressen und in alle möglichen Formen bringen. Man kann daraus zum Beispiel Tiere formen und dazu die entsprechenden Laute machen.

Zutaten für 1 Klumpen Knetgummi

- 3 Tassen Weizenmehl
- 2 EL Maisstärke
- 1 Tasse Salz
- 1 Tasse kaltes Wasser mit 2 TL flüssiger Lebensmittelfarbe
- 2 TL Pflanzenöl

Alle Zutaten in eine große Schüssel geben und mit einem Löffel zu einem Teig verrühren. Dann den Teig auf einem Brett so lange mit den Händen kneten, bis er die Konsistenz von Knetgummi hat. In luftdichter Verpackung ist er eine Woche lang haltbar.

Memoryspiel

Sie brauchen drei Plastikbecher und einen kleinen Ball. Zeigen Sie dem Baby den Ball und verstecken Sie ihn dann vor seinen Augen unter einem der Becher. Fordern Sie es auf Ihnen die Tasse mit dem versteckten Ball zu zeigen. Loben Sie es, wenn es die richtige Tasse wählt. Das trainiert sein Verständnis von Objektpermanenz. Hat es Übung darin, den Ball zu finden, verstecken Sie ihn unter einem anderen Becher.

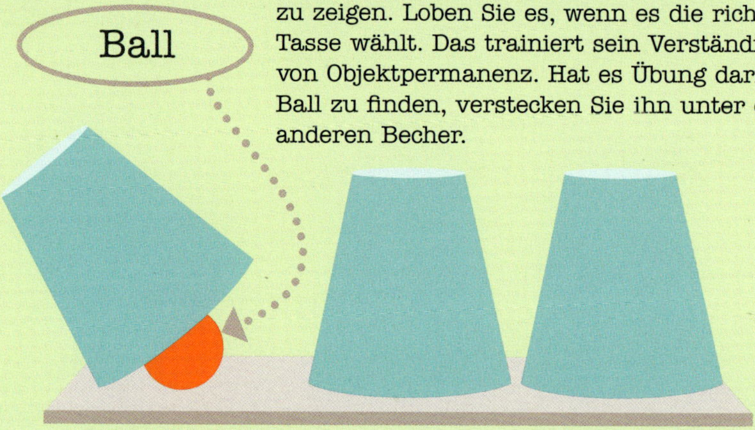

Kuriositäten-Brett

Basteln Sie ein Aktivitätenbrett aus ausrangierten, kindersicheren Türbeschlägen. Achten Sie darauf, dass das Brett glatt gehobelt ist und keine spitzen Ecken hat. Befestigen Sie darauf einen alten Türgriff, eine Türglocke und eine Sicherheitskette so fest, dass das Baby die Klinke bewegen, die Glocke drücken (»Ding Dong!«) und die Kette in die Halterung legen kann. Falls Sie ein altes Türscharnier haben, schrauben Sie die eine Hälfte an ein dünnes Stück Holz mit einem Türknopf und die andere Hälfte auf das Brett. So kann Ihr Baby das Holz wie eine Art Mini-Tür am Knopf hochheben. Lassen Sie es aber nie unbeaufsichtigt mit dem Brett spielen!

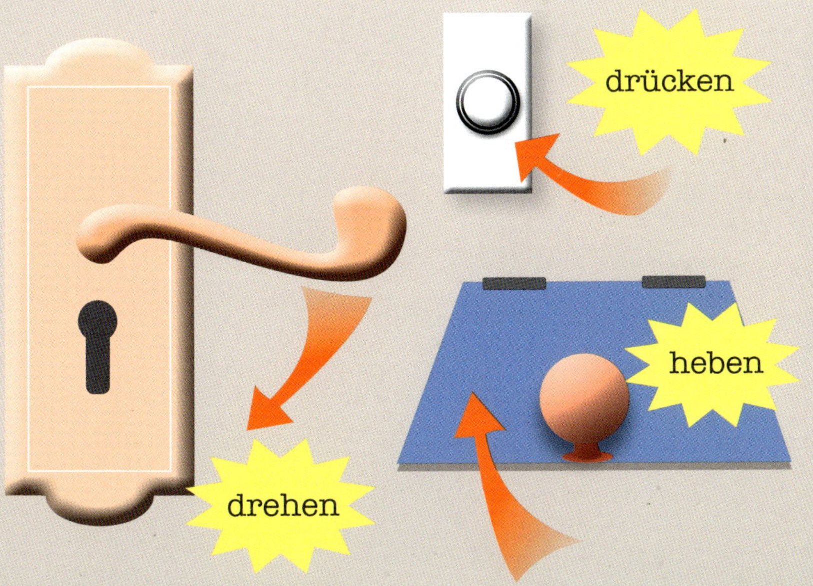

Blasen in der Luft

Machen Sie an einem schönen Tag draußen mit Ihrem Kind Seifenblasen. Beobachten Sie, wie sie in der Luft davonschweben. Versuchen Sie sie zum Platzen zu bringen, bevor sie am Boden auftreffen. Halten Sie Ihr Kind, damit es Ihnen helfen kann.

POP!

Holz-Puzzles

Puzzles lassen sich prima am Tisch spielen und fördern das logische Denken. Kaufen Sie Ihrem Baby ein robustes Exemplar, bei dem es ein Bild aufdeckt, sobald es eines der Holzteilchen am Knopf hochhebt.

Briefkasten

Schneiden Sie eine rechteckige Öffnung in einen alten Schuhkarton, sodass er ausieht wie ein Briefkasten. Geben Sie Ihrem Kind alte Briefumschläge oder Postkarten und zeigen Sie ihm, wie es sie einwerfen kann. Es wird gespannt beobachten, wie seine »Briefe« in der Öffnung verschwinden, und sich freuen, wenn sie beim Öffnen der Schachtel wieder zum Vorschein kommen.

Abzähl-reime

Zwölf Monate sind das ideale Alter, um Ihrem Kind die ersten Abzählreime und -lieder nahezubringen. Es wird zwar noch eine Weile dauern, bis es dabei mitmacht, aber die Wiederholungen und der Zählryhthmus werden ihm jetzt schon großen Spaß machen:

1, 2, 3, 4, 5, 6, 7,
Wo ist nur mein Schatz geblieben?
Ist nicht hier, ist nicht da,
Ist wohl in Amerika.

Morgens früh um 6 kommt die kleine Hex.
Morgens früh um 7 schabt sie rote Rüben.
Morgens früh um 8 wird Kaffee gemacht.
...

Stapel-Turm

Sammeln Sie leere Joghurtbecher, Zerealienschachteln, Saftkartons, Plastikdosen und leichte Babybauklötze. Helfen Sie Ihrem Kind, daraus einen Turm zu bauen. Es lernt dabei etwas über Formen, Größen, Stabilität und wie man Dinge stapelt. Bringen Sie den Turm dann beide gemeinsam zum Einsturz.

Helfen Sie beim Stapeln

Fern-glas

Verwandeln Sie zwei zusammengeklebte Papprollen in ein Fernglas. Schauen Sie hindurch und beschreiben Sie, was Sie sehen. Lassen Sie dann das Baby durchschauen, während Sie auf das Objekt deuten. Wiederholen Sie das Spiel mit anderen Objekten und Personen.

Kopf,
Schulter,
Knie und Fuß

Sagen oder singen Sie diese Wörter und legen Sie dabei die Hände auf die jeweiligen Körperteile. Helfen Sie dem Baby, dasselbe zu tun. Wiederholen Sie dann die Wörter schneller, bis Sie beide lachen müssen:

Kopf und Schulter,
Knie und Fuß,
Knie und Fuß.

Kopf und Schulter,
Knie und Fuß,
Knie und Fuß.

Und Augen, Ohren, Nase, Mund.

Kopf und Schulter,
Knie und Fuß,
Knie und Fuß!

blasen lernen

Blasen Sie die Wangen auf und pusten Sie auf Babys Wange, aber nicht in die Augen. Vielleicht bringen Sie es dazu es Ihnen gleichzutun, indem Sie prusten oder laut ausatmen. Zeigen Sie ihm, wie Sie eine Feder von Ihrer Hand blasen oder die Flügel eines Windrades in Bewegung setzen. Lassen Sie es dann selbst probieren. Lesen Sie zusammen die Geschichte von den drei kleinen Schweinchen und versuchen Sie gemeinsam zu pusten.

Buntes Essen

Ordnen Sie mundgerechte Häppchen zum Essen in verschiedenen Farben auf einer Platte an, etwa rote Kirschtomaten, blaue Heidelbeeren, grüne Avocados oder Gurken und gelbe Mangos oder Bananen. Primärfarben kann Ihr Kind in diesem Alter am besten unterscheiden. Nennen Sie eine Farbe und fordern Sie Ihr Kind auf, das dazu passende Obst oder Gemüse zu essen.

Fühlbeutel

Machen Sie aus einer Stofftasche einen Fühlbeutel, den Sie mit allen möglichen interessant anzufassenden Gegenständen bestücken. Geeignet sind etwa ein Plüschtier, ein Igelball mit weichen Stacheln, eine Rassel, ein Bauklotz aus Holz und zerknülltes Zeitungspapier. Zeigen Sie Ihrem Baby, wie es die Hand in den Beutel stecken und die Gegenstände durch Anfassen erfühlen muss. Die Überraschung ist groß, wenn es den ertasteten Gegenstand aus dem Beutel zieht.

Register

A

Abwaschen 217
Abwechseln, sich 156
Adressen 250
»Alle meine Entchen« 98
Alles fällt herab 128
Antizipation 92–93, 101, 141, 160
Apfelmus 117
Aprikosenbrei 147
Armmassage 127
Aufstehen 208
Autofahrten 80
Autos, spielen mit 228

B

Babyaerobic 34–35
Babybücher
  altersgerechte 105
  Bücherei 41
  Fühl-/Hörbücher 160
  Geschichten wiederholen 49
  Schmökerecke 237
  tauschen 118
  siehe auch Vorlesen
Babygym *siehe* Spielbogen
Babysitter
  Kinderkrippen 81
  über Nacht 200
  Zeit für Sie 49, 158, 176
  Zirkel gründen 220
Baby-Tagebuch 17, 41
»Backe, backe Kuchen« 89
Baden 42, 112–113
  Duschen 164
  Planschen 85
  Schwämme 144
Ballspiele
  Balancieren 137
  Hüpfen 77
  Memory mit Ball 242
  Rollen 141, 221
  Soft-Play-Pool 164, 238
  Weitergeben 141
  Zuschauen 101
Bananofon 184
Bankdrücken 180
Bauchlage 66, 82, 181
Bauchmassage 126
Bauklötze 68
Beckenheben 119
Beine
  Aerobic 34–35
  Massage 127
Beruhigung für das Baby
  Berührung 16
  Halten 44
  ruhige Musik 100
  Schlaflieder 18, 82, 214
  weißes Rauschen 53
  Yoga 14–15, 23
  siehe auch Kinderlieder
Bewegung
  Aerobic 34–35
  Auf und ab 73
  Bauchlage 66, 82, 181
  Bewegungslieder 92–93
  Eltern-Kind-Kurse 77
  Klatschlieder 89, 102, 178
  Kniebeuge 181
  Kopfheben 45
  Körpergefühl 29
  Schlitten fahren im Zimmer 53
  Schwimmübungen 116
  Spielgruppen 77
»Bi-Ba-Butzemann« 223
Bindung herstellen
  Familienfeiern 202
  Fotos 36
  Hautkontakt 12
  Vorstellen 33, 41, 153
  Zeit zu zweit 16
Blasen
  in der Flasche 117
  Seifenblasen 76, 113, 244
Brei aus Obst und Getreide 135
Briefkastenspiel 245
Bücherei 41

D

»Das ist der Daumen« 129
»Der ist ins Wasser gefallen« 182
»Der Mond ist aufgegangen« 214
Deuten 161
Drachen steigen lassen 222
Dusche selbst basteln 164

E

Einschlafritual 74–75, 232
Eltern-Kind-Gruppen 60, 77
Emsige Biene 88
Enten füttern 98
Entspannung 14–15, 60, 158
  außer Haus 52, 84
  Leopard im Baum 25
  Übung 38
Entwicklung
  Erinnerungsbox 13
  Fußabdruck 94–95
  Hand- und Fußabdrücke 63, 174–175
  Neuigkeiten 139
  Sammelalbum 192
  Scherenschnitt 234–235
  Tagebuch führen 17, 41
  siehe auch Fotos, Meilensteine der Entwicklung, Tagebuch, Video vom Baby
Erkunden 203
Erinnerungsbox 13
»Es klappert die Mühle« 207
Essen
  Apfelmus 117
  Aprikosenbrei 147
  buntes 249
  Frühstück 146
  gemeinsames 80, 146
  Gemüse 163
  Geschmacksspektrum erweitern 177, 205
  Gesichter aus 213
  gesundes 19
  kochen helfen 216
  Mango-Lollys 179
  Smoothie 183
  Snacks 19, 148, 196
  zum Spielen 168, 224
  siehe auch Mahlzeiten
»Es tanzt ein Bi-Ba-Butzemann« 223

F

Fallen lassen 201, 225
Familie
  Erholung von der 158
  Feiern 202
  Traditionen 86–87
  vorstellen 33, 41, 153
  Wünsche/Ziele 84
Farben
  benennen 108
  Buntes Spielzeug 60
  erkennen 33, 60
  Essen 249
  Haushaltsgegenstände 88
  im Wasser 195
  Schals 181
  selbst machen 212
  Socken 64
  Sortieren 217
  zuordnen 229
Fernglas 247
Filz
  Figuren für Geschichten 143
  Fingerpuppen 54–55
Fingerfarben 212
Fingerfood 163
Fingerpuppen 54–55
Fingerspiele 54–55, 117, 169
Fitness
  fürs Baby 29, 34–35
    Balancieren auf dem Ball 137
    Bauchlage 66, 82, 181
    Gymnastikbälle 77, 137
    Kniebeugen 181
    Rollen 181
    Schwimmen 116
    Sit-ups 80
    Strecken 218
    Zehenlutschen 81
  für Sie
    Bauchmuskeln 57
    Beckenheben 119
    Bizeps 180
    im Freien 72
    Liegestütz 180
    Wandern mit Baby 156, 173
    Yoga mit Baby 14–15, 23
Flugzeugspiel 140

Formensortierer 208, 229, 244
Fotos
als Erinnerung 13, 17, 36, 139, 141, 192
als Geschenk 120
auf der Rolle 222
aus Zeitschriften 120
Gesichter erkennen 80, 99
Fragen an den Arzt 21
Fremdeln 152
Freunde
des Babys 33, 60, 120, 136, 153
Ihre
Elterngruppe 60
Ideen teilen mit 40
treffen 158
und das Baby 96, 100, 136, 152, 153
Frühstück 146
Fühlbeutel 249
Fühlteppich 185
Füllspiel 224, 241
Fußabdrücke
Farbe 63, 174–175
Ton 94–95
Füße
Aerobic 34–35
Massage 127

G
Gartenarbeit 194–195
Geburtstagsfeier 233–235
Gefühle ausdrücken 204, 224
Gehirnentwicklung, Klassische Musik 65
Gehörentwicklung
Geräuschbücher 160
Geräusche entdecken 68–69, 81, 122
Geräusche lokalisieren 40, 69
Geräuschspielzeug 61, 64, 122, 160, 162
Windspiel 166–167
Gemüse, gebackenes 163
Geräusche *siehe* Gehörentwicklung
Gerüche 89
Geschenk
zum Muttertag 120
zum Vatertag 120
Geschichten erzählen 49, 143, 161, 169, 186–187, 232
siehe auch Babybücher
Geschmacksempfinden
Entwicklung 125, 205
siehe auch Essen
Geschwister 33
Gesichter erkennen
andere Personen 49
auf Fotos 99
auf Zeichnungen 24
aus Filz 40
Ihres 28
im Spiegel 46–47, 123, 149
Online 241
Gesund ernähren 19
Getränke 20, 83
Getreide-Obst-Brei 135
Gras 177
Greifen 41, 81, 97, 100, 149, 205
Greifreflex 13, 22, 134
Gummiband-Spielzeug 123
Gymnastikbälle 77, 137

H
Halten des Babys
für Augenkontakt 48
im Tragetuch 43, 48
zum Beruhigen 25, 38, 44
Hand-Augen-Koordination 123, 134, 224, 246–247
Hände
Abdruck 63, 174–175
Aerobic 34–35
erkennen 22
Hand auf Hand 239
Kontrolle 65
Massage 22, 127
öffnen und schließen 81
Hausarbeit 137, 200
Haustiere 132
Hautkontakt mit Baby 12
Herumlaufen mit Baby
im Haus 20
in der Nachbarschaft 19, 97
mit Rückentrage 156
Hindernislauf 157
Hochziehen 208
Höhlen 165, 203, 232
»Hoppe, hoppe Reiter« 92, 140
»Hopp, hopp, hopp zu Pferde« 85
Horizont erweitern 241
Hütespiel 236

I
»Imse, Wimse, Spinne« 45
Indoor-Spielplatz 164, 238
Innen und außen 104, 189, 201, 225

K
Kinderkrippen 81
Kinderlieder
»Alle meine Entchen« 98
»Backe, backe Kuchen« 89
»Der Mond ist aufgegangen« 214
»Es klappert die Mühle« 207
»Es tanzt ein Bi-Ba-Butzemann« 223
»Hoppe, hoppe Reiter 92, 140
»Imse, Wimse, Spinne« 45
»Kommt ein Vogel geflogen« 93
»Kopf, Schulter, Knie und Fuß« 248
»Meine Hände sind verschwunden« 178
»Ri-ra-rutsch« 93
»Was müssen das für Bäume sein« 207
Klatschlieder 89, 102, 178
Liedersammlung 82
Schlaflieder 18, 214
Kinderreime
»1, 2, 3, 4, 5, 6, 7« 245
Abzählreime 245
»Das ist der Daumen« 129
»Der ist ins Wasser gefallen« 182
»Morgens früh um 6« 245
»Punkt, Punkt, Komma, Strich« 140
»Streck' dich hoch« 218
Kinderzimmer 237
Kino mit Baby 125
Klatschlieder 89, 102, 178
Klavier spielen 201
Kleidung197
Knetgummi 242
Kniebeuge 181
Knistersocke 165
Kochen mit Baby 216
Koffein 20
Kolik 34–35
»Kommt ein Vogel geflogen« 93
Kommunikation
Lächeln 42
Signale 28
Kopf hochhalten 45, 66, 82
Kopfmassage 126
»Kopf, Schulter, Knie und Fuß« 248
Kosen, herzen, kuscheln 14, 100, 238
Kreidezeichnungen 239
Kunst
Boden 226–227
Farbenspiel 169
Fingerfarben 212
Hand- und Fußabdrücke 63, 94–95, 174–175
Kreidezeichnung 239
Scherenschnitt 234–235
Kuriositätenbrett 243
Kuscheln 14, 100, 238
Kuss-Spiele 37, 57, 160

L
Lächeln 42
Lachen 60, 172, 176, 236
Laufen lernen 213
Leopard im Baum 25
Licht und Schatten erkennen 21, 59
Liedersammlung 82
Liegestütz 180
logisches Denken 65
Lollys, Mango 179

M

Mahlzeiten 80, 146, 168, 213, 216
Mama/Papa helfen 194, 201, 216, 217, 219, 220, 240
Mango-Lollys 179
Manieren lernen 140
Massage fürs Baby 22, 126–127
Meditation 109
Mehl 185
Meilensteine der Entwicklung 8–9
  0–1 Monat 10–11
  1–2 Monate 30–31
  2–3 Monate 50–51
  3–4 Monate 70–71
  4–5 Monate 90–91
  5–6 Monate 110–111
  6–7 Monate 130–131
  7–8 Monate 150–151
  8–9 Monate 170–171
  9–10 Monate 190–191
  10–11 Monate 210–211
  11–12 Monate 230–231
»Meine Hände sind verschwunden« 178
Memory-Spiel 242
Merkliste 148
Mimik
  nachahmen 20
  übertreiben 36, 160
Mobiles 58, 176, 215
  siehe auch Spielbogen
»Morgens früh um 6« 245
Museum 84
Musik
  beruhigende 100
  Eltern-Kind-Gruppen 77
  Jazz 109
  klassische 65, 109
  Klavier 201
  Rumba-Rasseln 64, 184
  meditative 109
  mit Freunden 206–207
  Schlaflieder 18, 82, 214
  Spieluhr 197
  selbst machen 64, 184, 201
  spontanes Konzert mit Freunden 128
  tanzen zur 40, 133
Muster erkennen 26–27
Muttertagsgeschenk 120

N

Nachahmen
  Abwasch machen 217
  Aktivitäten 101
  Gefühle 204
  Lachen 60
  Manieren 140
  Mimik 20
  Singen 69
  Streckspiel 218
  Winken zum Abschied 173
  Zunge herausstrecken 21
Nachthimmel-Mobile 215
Namen lernen
  Dinge 106–107, 221
  Farben 108
  Körperteile 248
  Namen des Babys 101
Nasenstups 109
Notfallsnacks 157
Notizbuch zu Babys Entwicklung 139

O

Öle für Massage 22, 126
Online Kontakte pflegen 241
Oxytocin 36

P

Pappröhre 209
Picknick mit Stofftieren 199
Pompons 159
»Punkt, Punkt, Komma, Strich« 140
Puppen
  Filz 54–55
  Puppentheater 125
Pusten 76, 133, 248

R

Rasseln 48, 61, 64, 69, 184
Räumliches Vorstellungsvermögen 65, 137
Reflex, Greif- 13
Rhythmus 220
Riechen 89
Ringe-Spiel 220
»Ri-ra-rutsch« 93
Rock'n'Roll 62, 181
Rollspiele 62, 105, 222
Rückentrage 156
Rumba-Rasseln 64, 184

S

Sammelalbum mit Lieblingsbildern 192
Sandkasten 6, 204
Sandspiel 233
Schalspiele 41, 56, 181
Schattenspiel 124
Schatzkiste 144
Schaukelpferd 180
Scherenschnitt 234–235
Schlafen
  Türschild 24
  Streckspiel 218
  Zu-Bett-Geh-Ritual 74–75
Schlaflieder 18, 82, 214
Schlitten 53, 241
Schüchternheit 152
Schwimmen 116
Sehschärfe 21, 28, 33, 44
  Hell-Dunkel-Kontraste 21, 59
  Muster erkennen 26–27
  siehe auch Farben
Sit-ups fürs Baby 80
Smoothie 83
Snacks 19, 148, 157, 196
Sockenschlange 165
Sockenspiele 64, 165, 203
Soft-Play-Pool 164, 238
Sortieren, Formen 208, 229, 244
Sparkonto fürs Baby 161
Spiegel 46–47, 123, 149
Spielbogen 33, 56, 65
Spielbrett 243
Spiele
  Alles fällt herab 128
  Autos 228
  Bananofon 184
  Bechermännchen 121
  Emsige Biene 88
  Farben zuordnen 229
  Fernglas 247
  Festgeklebt 221
  Fingerpuppen 54–55, 169
  Flugzeuge 140
  Geheimer Snack 148
  Hand auf Hand 239
  Handlungen nachmachen 121
  Hindernislauf 157
  Hütespiel 236
  Innen und außen 104, 189, 201, 225
  Knetgummi 242
  Koffersandkasten 6, 204
  Kuckuck? Da! 81, 104, 145, 188
  Kuriositätenbrett 243
  Kussjagd 160
  Matschen 124, 134
  Memory 242
  Nasenstups 109
  Puzzles 208, 244
  Ringe 220
  Rollen und Krabbeln 62, 105, 181, 222
  Schals 41, 56, 181
  Schatten 124
  Schatzsuche 233
  Seifenblasen 76, 113, 244
  Sockenspiele 64, 165, 203
  Sortieren und Tauschen 217
  Sprechrolle 209
  Springteufel 121
  Stapelturm 246–247
  Tunnel 162, 203
  unterwegs 48
  Ursache und Wirkung 189, 201, 209, 225
  Verstecken 81,104, 145, 148, 183, 188, 221
  Wäsche 219
  Wasserspiele 98, 113, 117, 142, 164, 195, 225
  Wo ist Teddy? 102
  Wurfspiele 122, 201, 225
  siehe auch Ballspiele; Musik; Spielzeug
Spielen mit Freunden 120, 153
  siehe auch Spiele, Spielzeug

Spielplatz 180
Spielzeug
am Gummiband 123
anschauen 33, 44, 60
auswählen 120
Bauklötze 68
beim Baden 85, 112–113
beim Essen 168
deuten auf 161
einwickeln 221
Formensortierer 208, 244
Fühlbeutel 249
Fühlteppich 185
für den Spielbogen 33, 56, 65
für unterwegs 48
Geräusch-Spielzeug 61, 64, 122, 160, 162
geschlechtsspezifisches 241
greifen 81, 149
herumschieben 209
Innen und außen 104, 189
klebendes 205
knisterndes 165
Kuriositätenbrett 243
leuchtendes 100
musikalisches 197
Picknick 199
Pompons 159
Schatzkiste 144
Schaukelpferd 180
Schwämme 144
sich abwechseln 157
Spielbogen 33, 56, 65
tauschen 118, 241
Töpfe und Pfannen 122, 188, 220
werfen 122
Windrad 133
Windspiel 166–167
zum Fühlen und Greifen 62, 80, 168, 185, 249
zum Nachspielen von Gefühlen 224
siehe auch Spiele
Sprachentwicklung 17, 37, 48, 61, 106–107, 181, 182, 201, 202, 221, 240, 248
Betonung 180
Fragen stellen 145, 200
Sprechrolle 209
Stimme des Babys aufnehmen 96
Vorlesen 37
Sprechrolle 209
Spüren und Fühlen 60
Emsige Biene 88
Fühlbücher 160
Gras 177
Hautkontakt 12
im Haus 142
Mehl 185
Schalspiele 41, 56, 181
Sockenspiele 64, 203
Spielzeug 62
Teigmatsch 124
Teppich 185
Wäsche auf der Leine 78
Stammbaum 103
Stapelturm 246–247
Stillen, Getränke, die man meiden sollte 20
Stimme des Babys aufnehmen 96, 120
»Streck' dich hoch« 218
Streicheln des Babys 16, 33, 81

T

Tagebuch 17, 41
Tanzen 40, 61, 133
Taschenlampe 59
Teddy
verstecken 102
Wippe für 193
Teigmatsch 124
Telefongespräch 184
Tiere 116, 132, 161
Töpfe und Pfannen als Spielzeug 122, 188, 220
Traditionen 86–87
Tragetuch 43, 48
Trennung 158
Trennungsangst 152
Trinken 20
Tunnel 162, 203
Türschild 24

U

Unterwegs
Aquarium 79
Bücherei 200
Drachen steigen lassen 222
Ententeich 98
Freizeitzentren 200
Galerien und Museen 84
Indoor-Spielplatz 164
mit Freunden 96
Schwimmbad 116
Soft-Play-Pool 164
Spielplatz 180
Wandern 97, 156
Zoo 116
Zugfahrt 154–155
Zusammen ausgehen 108
Urlaub 216
Ursache und Wirkung, Spiele mit 189, 201, 209, 225

V

Vatertagsgeschenk 120
Verfolgungsspiele 21
Verstecken 81,104, 145, 148, 183, 188, 197, 221, 233
Video vom Baby 39, 160
Vorhersehen von Geschehnissen 92–93, 101, 141, 160
Vorlesen 37, 41
Filzbrettgeschichten 143
Geschichten variieren 161
Geschichten wiederholen 49
siehe auch Babybücher

W

Wandern 97, 156
Wäsche machen 219
»Was müssen das für Bäume sein« 207
Wasser trinken 20
Wasserspiele 98, 113, 117, 142, 164, 195, 225
Weißes Rauschen 53
Wickeltasche 29
Wimpel basteln 114–115
Wimpernküsse 57
Windelfreie Zeit 101
Windeln wechseln 161, 220
Windrad 133
Windspiel basteln 166–167
Winken zum Abschied 173
Wippe für Teddy 193

Y

Yoga 14–15, 23

Z

Zehen
im Sand 129
lutschen 81
Zehen-Reim 182
Zeichnen 226–227, 239
Zeit zu zweit 16
Zoo 116
Zu-Bett-Geh-Ritual 74–75, 232
Zugfahrt 154–155
Zunge herausstrecken 21

Weitere Bücher für aufgeweckte Babys:

Stapelwürfel Wörter
4260690440012
ab 12 Monaten

Auf der Baustelle
978-3-8310-4210-4
ab 12 Monaten

Erstes Lernen. Fahrzeuge
978-3-8310-4563-1
ab 12 Monaten

Erstes Lernen. Tierkinder
978-3-8310-4562-4
ab 12 Monaten

Guten Morgen, Bauernhof!
978-3-8310-4117-6
ab 12 Monaten

Wo versteckst du dich?
Kleiner Eisbär
978-3-8310-4283-8
ab 12 Monaten

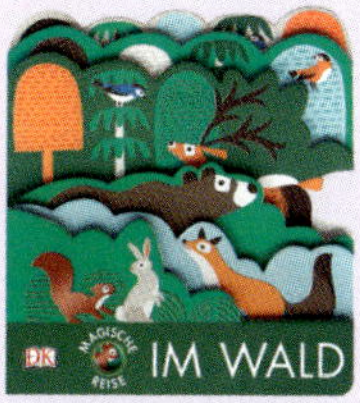

Magische Reise Im Wald
978-3-8310-3702-5
ab 24 Monaten

Tiere zählen
978-3-8310-3830-5
ab 24 Monaten

Dank

Claire Halsey dankt folgenden Personen:

Meinen Eltern George und Patricia Higginbotham für die vielen schönen Spielstunden in meiner Kindheit. Ein Dank auch an meine Familie, Michael, Rupert, Toby und Dominic, an Vicki McIvor, die so viel für mich getan hat, und an Susannah Steel sowie an alle von DK. Es war wie immer ein Vergnügen, mit euch zu arbeiten.

Dr. Claire Halsey ist Mutter von drei Kindern und beratende klinische Psychologin mit fast 30 Jahren Berufserfahrung auf dem Gebiet Kinder und Familie. Sie ist Autorin von *Baby-Entwicklung*, das ebenfalls im DK-Verlag erschien.

Susannah Steel dankt folgenden Personen:

Carolyn, Jeanette und Annabel und deren Familien für ihre Beiträge, Claire Halsey für ihre herausragende Beratung und tolle Unterhaltungen sowie James, Rosie and Jessie.

Susannah Steel ist Autorin, Redakteurin und Mutter. Ihre Fachgebiete sind Erziehung, Ernährung, Fitness, Frauengesundheit sowie natürliche und umweltfreundliche Lebensführung.

DK dankt folgenden Personen:

Michèle Clark für das Register, Claire Wedderburn-Maxwell für das Lektorat, Mandy Earey und Tessa Bindloss für ihre Hilfe beim Design sowie Martha Burley und Alice Kewellhampton für ihre Unterstützung bei der Redaktion. Die Rezepte auf den Seiten 163, 179 und 196 stammen aus dem Buch *Feeding your baby day by day* von Fiona Wilcock, einem umfassenden Ratgeber zum Thema Beikosteinführung mit 200 Rezepten. Der deutsche Titel lautet *Babynahrung selbst gemacht*.

Hinweis

Eine Verantwortung für Verletzungen oder Unfälle, die direkt oder indirekt durch die beschriebenen Spiele und Aktivitäten in diesem Buch verursacht werden, kann nicht übernommen werden. Eine angemessene Aufsicht von Kindern wird empfohlen.